Anonymous

Mitteilungen des kaiserlich deutschen Archaeologischen Instituts,

Instituts,

römische Abteilung

Anonymous

Mitteilungen des kaiserlich deutschen Archaeologischen Instituts,
römische Abteilung

ISBN/EAN: 9783743669581

Hergestellt in Europa, USA, Kanada, Australien, Japan

Cover: Foto ©ninafisch / pixelio.de

Weitere Bücher finden Sie auf **www.hansebooks.com**

REGISTER

ZU DEN

MITTEILUNGEN

DES KAISERLICH, DEUTSCHEN,

ARCHAEOLOGISCHEN, INSTITUTS

ROEMISCHE, ABTEILUNG,H,

BAND I-X

ROM
LOESCHER & C.
(BRETSCHNEIDER & REGENBERG)
1902

INHALT

MITT

DES KAI

ARCHAEOLO

ROEMISCH

ROM

LOESCHER & C.°

(BRETSCHNEIDRR & REGENBERG)

1902

I. SACH-REGISTER.

A

Abundantia *St.* mit *Inschr.*, Rom VIII, 288.

Acheloios u. Herakles, *sf. V.* II 258.
— Kopf, Br. Helmschmuck I 87.
— *Rel.* IX 71.

Achilleus u. Aias brettspielend *etr. Sp.* II 147. — Schild des Ach. *Rel.* VI 183 ff. — ara des Kleomenes VIII 206 f. u. — u. Troilos *sf. V.* VIII 338.

Adamklissi s. Trajan.

Admetos s. Alkestis.

Aefulae Tempel der Bona Dea in — VI 153.

Aes grave s. Münzen.

Agamemnon auf ara des Kleomenes VIII 203.

Agaue V 250 f.

Agrippina Minor *Prt.* VI 156 VII .. 231 ff.

Ägyptische. Inschr., Benevent VII 212. — *St.*, Benevent VIII 218.

Aktaion. *Gr.* — Mus. Torlonia I 115 *arch.* Kopf VI 153.

Alabastron in Form eines Satyrkopfes I 31. — korinthisch I 33.

Alatri antike Topographie u. Befestigungen IV 126. Tempel IV 143. VI 349. Opfergraben IV 143. Wasserbecken, bedeckt IV 149. Porticus IV 150.

Albanersee Herme I 61.

Albani, Villa — s. Rom.

Alimentarii pueri et puellae *Rel.* Trajanbogen, Benevent VII 247.

Alkestissage *Sark.* VIII 174 ff.

Allumiere Funde I 158 ff. VI 221 ff.

Alphabet altlatein. II 41 ff.

Altar Pompeji *ins. IX* 7 IV 5. — Im Tempel von Alatri IV 147 ff. Ara des Kleomenes VIII 201 ff. — mit *Inschr.* u. *Rel.* IV 266 f. Ara Ditis et Proserpinae, Terentum VI 127 f. Ara incendii Neroniani IV 275. VI 116 ff. Ara Maxima I 8. VII 293 f.

Ara Mercurii et Maiae VIII 222 ff.
Ara Mercurii et Minervae X 93 ff.
Ara Pacis Augustae VI 315 ff. IX 171 ff. — der Venus VIII 224.

Amasis, Vasenmaler III 233 f.

Amazonen s. *f. V.* II 260 f. VIII 338. *rf. V.* VII 184. *St.* Petworth-House I 63. — mit Kind, *St.*, Mus., Neapel VIII 251 ff. IX 246 ff. *St.*, arch., Villa Ludovisi IV 86 ff. Marmorkopf VIII 95. *Br. Rel.*, Perugia, IX 276 ff. *Br. St.* auf Urnen II 243 f. — *Sark.* IV 76 f.

Amazonomachie von Pergamon I 127. Schild der Parthenos VIII 231.

Amor s. Eros.

Amphitrite *rf. V.* IX 229 f.

Amymone *rf. V.* VIII 341.

Andromeda u. Perseus, Vase Santangelo X 95.

Antigone *rf. V.* VIII 341 f.

Antikensammlung des Giov. Batt. della Porta VIII 236 ff.

Antiochcia des Eutychides VIII 189 ff.

Antiquae Amerinorum lapidum inser. s. Brancatelli.

Antoninus Pius Münze I 167 f. Säule IV 42 ff. Tempel des — und der Faustina, Zeichnung im Escurial III 319. — und der Asklepioskult I 170.

Apellas Bildhauer X 116.

Aphrodite christl. Lampen VII 155. Münze III 72. Kolossalkopf Ludovisi VII 61 ff. *Br. Rel.* Perugia IX 283. *Marmor Rel.* Anadyomene VII 46 ff. *Silber Rel.* Anadyomene VII 49 ff. *St.* Cannes VIII 181. *St.* von Melos IX 90. *St.* Terracina VI 373. *St.* polychrom, Pompeji VII 21. *St. Tc.* I 177. ? Torso Vatikan III 72. *rf. V.* II 263. III 250. VIII 333 311, — im Bade VI 234. — u. Adonis VIII 343. *W.* IV 118. V 273.

— *in κῆπος* IV 72 ff. Kolossales
Kultbild VII 76 ff. — des Phidias
VII 50 f. — von Tritonen getragen
III 309, 1. Altar VIII 224. — Tem-
pel, Terracina X 86. Tempel der
Venus hortorum Sallustiorum IV
270 ff
Apobat-Reiter. *Br.* X 83 f.
Apollon, Agyieus, Pompeji X 215.
Gr. — u. Knabe, Giardino Palla-
vicini V 66 ff. *Rel.* Opfer für. —
Constantinbogen IV 324. — u. Mar-
syas VI 373 ff. Sorrentiner Basis
IV 308 f. IX 241. *St.* Kreis des Kas-
seler — VI 377. — München (Musa
Barberini) IX 242. — Thermennus.
VI 304 ff. VII 195. — im Mu-
seo capitolino VI 378 f. Vatican IX
249 ff. Torso II 138. *sf. V.* I 21,
174. VIII 338, *rf. V.* — u. Musen III
243. VIII 70. *W.* II 123. III 207.
V 135 — u. Niobiden VIII 115 f.
— u. Marsyas? aretin. *tazza* X 85.
Tempel des — Palatinus V 76 f.
Fundort des A. von Belvedere IV 344.
Apostel in Gewebe aus Aegypten V
82 f. Consulardiptychen VII 212 ff.
Apoxyomenoi *W.*, Palästra von
Pompeji III 199 ff.
Aqua Virgo Castell I 61. Bögen
IV 269.
Ara s. Altar.
Archaische Sculpturen. *Br. Stt.*
Artemis, Pompeji III 280. *Br. Stt.*
Krieger, Epidauros IV 167. Kalk-
steinkopf: Göttin, Syrakus VII 181.
Marmor-*St* : Amazone, Villa Ludo-
visi IV 86. Marmor-*St.* Athena,
Thermennus. VI 239. Weihgeschenk
des Cheramyes IX 93. Weihgeschenk
der Nikandra IX 93. Marmor-*Stt.*
Artemis, arch. III 277. Marmor-
torso, männl. Mus. Torlonia I 120.
Marmorkopf, Jüngling, Vatikan. I
79. Kolossalkopf, Faleria II 24.
Kolossalkopf, Mus. Torlonia I 120,
Marmorkopf, weibl. Mus. Chiara-
monti I 200. Marmorkopf, weibl.
Villa Ludovisi I 125. Marmorkopf,
Aktaion, Vatikan VI 153. Stele,
Esquilin I 126. Stele, *etr.* I 184.
Stele, *etr.* Lemnierinnen im Kampfe
mit Thrakern I 182. Stele, *ital.* der
Br. Zeit VI 361.
Archandros Weihgeschenk IX 71.
Archidamos *Prt.* III 113 ff.
Archikles *att.* Kleinmeister IV
158 ff.

Architektur.
a) Bedeutung von pergula in der antiken — II 214 ff. Korinthische
Weise: Matertempel, Rom X 16.
b) Antefixe, Te. III 130, VI 370.
Ante mit Halbsäule, Pompeji II 137.
Axweite, grössere, der Tempelfront
gegen die Langseite V 181 f. Bau-
glieder vom Hause der Eumachia,
Pompeji VII 144. Elle, samische V
183. Gebälk, Pompeji II 137. Tuff,
einer Grabnische III 124. Isolierschicht, Thon V 177. Kranzgesims,
Matertempel, Rom X 18. Kyma, les-
bisches, *arch.* V 199. Pfeiler des
Chalcidicums der Basilica, Pompeji,
Rekonstruktion III 54 [Höhe 59].
VI 67; — Pilaster ara Pacis IX
183 ff. Tegulae mammatae II 133 f.
Triglyphenfries, Alatri IV 151. Ventilation im *pomp.* Häusern I 211. II
130. Wandverkleidung. Thon V 175,
wasserdichte in Cisternen X 201 ff.
c) Arcosolium I 49 ff., in einem
Corridor I 54. Basilica von Pompeji III 14. VI 67 ff. VIII 166 ff.;
— Ausgangseite von innen III 32.
40; — Längswand III 29. VIII 166,
Front III 35. Cella des ionischen
Tempels, Lokri V 184. Chalcidicum
der Basilica von Pompeji III 47 ff.
— der Basilica Aemilia VIII 282.
Oecus corinthius X 147. Partielles
Dipteron, alter Tempel, Lokri V 173.
Peripteros, jonisch, Lokri V 176.
Peristylium Rhodiacum VIII 46.
Porticus, Alatri IV 150. Pronaos
des Tempels von Alatri IV 145.
röm. Villa, Boscoreale IX 350. Tem-
pel des Jupiter Capitolinus III 150.
Triclinium, aufgemauert X 147 Was-
serbecken, bedecktes, Alatri IV 149.
Arcus Aurene Rom VI 102 f.
Ares Kopf nach Polyklet, Mus. Tor-
lonia I 114. *Br. St.*, Todi IX 99.
Br. Rel., Perugia IX 281. Votiv-
bilder *Br.* Blech VI 371. *Rel.* ara
Pacis X 138. Mars Gallicus *Rel.*
Trajanbogen, Benevent VII 247.
Marstempel, Rom, am clivus X 24,
Anm. 2.
Argos *W.* V 234 f. *rf. V.* VIII 388.
Aristoteles. *St.* Spada V 12 ff.
Armbänder Abbildungen von —
II 252.
Arne u. Autolyte *rf. V.* VIII 343 f.
Arnus *Rel.* v. Florenz X 90.
Artemis von Kalydon III 297 ff.

Von Nemi I 60 f. II 148. *sog.* per-
sische I 20 174. Münzen III 281 ff.
Rel. Apollon u. Marsyas VI 374.
Rel., Constantinbogen: Opfer für —
IV 321. *Rel.*, Sorrentiner Basis IV
308 f. Telephos — *Rel.* XI 179 ff.
Rel., Trajanbogen Benevent VII 241.
St., Siena VIII 346. *Br. St.* aus
Thesprotien III 280. *St.*, *arch.*,
Pompeji III 277 ff. Replik der A.
von Pomp. in Venedig III 291 f.
Te. — Figuren I 176 ff. *sf V.* II
174. *rf. V.* III 62 ff. VIII 343 f.
W. II 292.
Arvalbrüder Akten, *Frgt.* II 141.
Asklepios. Schlange des — I 167 f.
Kult u Tempel auf Tiberinsel I
170 ff. *Pel.* cap. Mus. IX 66 ff.
Athen IX 71. *St.,* Rom, Thermen-
mus. VII 195. *St.*, *sits.* Rom, Pin-
cio IX 74 ff.
Astyanax. Tod de A. in der bild.
Kunst III 101 ff.
Athamas u. Learchos, Marmor-*Gr*,
Neapel X 240 ff.
Athena, *St.*, Mus. Torlonia I 116.
Giardino Pallavicini V 66. *Stt* VIII
27. 348 ff. *Tc.* I 177 Kopf, Marmor
VIII 95. *Rel.*, *Br.* Perugia IX 280.
Soteira IX 297. — u. Musen, *Sark.*
VIII 182. — u. Musen, Fries, Ner-

vaforum IV 88. —, Trajanbogen, Benevent VII 251. Metope, Selinus VII
194. ara, Bologna X 93 f. *s. f. V.* II
174. VI 370. VIII 392. — bei Brett-
spielern X 84 —, *r.* *f.* *V.* II 231.
263. VII 183 f. VIII 340 f. 345. *Lek.*
II 261 f. *W.* V 234. 273. 277. —, bei
Herakles VIII 115, — u. Marsyas V
266 ff. VI 72. —, auf Marmorplatte
gemalt V 140. —, Lampe V 236,
christl. Lampe VII 156. Tempel der
Minerva Medica, Esquilin IV 278.
Atrium Minervae VIII 280. — Par-
thenos, Zerstörung VII 158. — Par-
thenos, Kopf X 92. — Parthenos,
Schild VIII 231.
Athlet, Kopf VII 181. VIII 346.
Prt. — Kopf, Mus. Torlonia I 116.
— *St.* Mus Torlonia I 114, Uffizien
VII 81 ff. Oelgiesser, Braccio nuovo
VIi 92 ff, Paris VII 87 f. — Torso,
Odeo, Rom VI 304. — *W.* III 199 ff.
V 136 f.
Attis *Gr. Frgt.*, Kreta V 140 ff.
Augustus, u. Familie, *Rel.*, San
Vitale VI 287 f. *Rel.* ara Pacis VI
318 f. IX 198 f., Cameo, Wien IX
205. — Prunaporta IX 204. — Forum
s. Rom. Augustana domus s. Rom.
Aura u Windgott. Elfenbeinrel. I 126.
Autumnus *Mos.* Pompeji VII 27 f.

B

Bäckerei I 48.
Bäder Fiesole VI 372. Pompeji II
133. III 194 ff. V 130. X 226. Rom,
Caracallathermen VIII 294 Diocle-
tians — VII 308 ff Thermae Nero-
nianae — Alexandrinae VIII 305.
Titusthermen IV 78 f. VII 302 f.
Trajans— VII 302 f. Verona VI
298 f. Verschiedene VI 371 f.
Frauen —, Pompeji X 219. Laco-
nicum u. Caldarium X 220. Badeofen,
Boscoreale IX 353 f. Badezimmerein-
richtung, Stabiae VI 266 f. Bosco-
reale IX 352 ff.
Bakchant, Pfeilerkopf IX 42. Bak-
chantin s. Mänade.
Bakchos s. Dionysos.
Ballspiele antike VI 274 ff.
Barttracht 3.-1. Jahrh. v. Chr.
IX 113.

Basilica Herculaneum — eine Pa-
laestra I 58. — Pompeji III 14 ff.
VI 77 ff. VIII 166 ff — Aemilia
III 95 f. VIII 281 f. — Opimia
VIII 84. — Porcia VIII 84.
Basis, von der Freitreppe der Curie
VIII 281. Sorrentiner — IV 307 ff.
IX 127 ff. 238 ff. X 7. *St.* — X 5.
— des Pythokles, Rom VI 304 ff.
— der Pi parentes VI 290.
Becher Widderkopf VIII 310.
Bellerophontes *W.* V 117. — mit
Pegasus, *rf. V.* VII 184.
Bemalung einer ionischen Säule
V 195 f.
Bernstein I 131. 138. 139. II 249.
III 158.
S. Bernhard, Grosser, Wachthaus.
VIII, 335.

Bes. *Stt.*, Glas I 139. *Rel.*, πύραννος VII 180 f.
L. Betilienus Bauten, Alatri IV 148 ff.
Bianchini's Ausgrabungen auf dem Palatin X 252 ff. — handschriftlicher Nachlass über den Palatin X 272 ff.
Bigeste *Röm.* Garnison IX 235.
Blei — gewichte III 12₁. IV 21₁. IX 41. — kessel IX 354. — siege IX 44.
Blitz *Br. Rel.*, Perugia, IX 280.
Bologna Funde VI 233.
Bonus Eventus *Rel.* ara Pacis X 138.
Boscoreale *Ausgrab.* IX 349 ff. *Röm.* Villa IX 350 ff. *W.* IX 352.
Braut. *Rel.* VII 55 f.
Brot Form des antiken — IX 98.

Bronze, Funde I 28. 34 f. 52. 86 ff. 93. 108. 133. 135 f. 139. 151. 157. 216. 220 ff. II 30 ff. 34. 115. 136. 148 f. 153 ff. 238 ff. III 157 f. IV 5 ff. Anm. 103 ff. Anm. V 139 f. 230. 236. 252. 254-7. VI 112. 369. VII 17. 196 f. VIII 333 f. IX 39. 41. 48. — agraffen, *christl.* II 577. — Amulet (Axt mit Vogel) VIII 327. — Büsten, — Statuen, — Statuetten s. Skulptur. — Cisten VIII 327. — Deckelfiguren II 270 f. — Kandelaber I 216. X 83. — Schild I 135. — Urnen II 269 ff. —, vergoldet II 153. Ionische —. Perugia IX 255.
Brunnen Florenz X 90. Metapont VI 364.
Bucchero s. Vasen.
Bucciano Gräber VIII 331.

C

Cacus u. Caca altröm. Gottheiten X 163.
Caelius s. Rom.
Calbienses I 43. 74 ff.
Cales Münzen I 63 f.
Caligula Brückenbau VIII 264 Anm.
Cameen Augustus u. seine Familie, Wien IX 205. —: Drusus, *Prt.* VI 315. —: Livia, *Prt.* II 4 f. 7. Karneol: Satyr. —: Kentaur VII 21; — in Ring VIII 335.
Campanische Thonarbeit II 229 ff.
Caunes Sammlung Courcel VIII 173 ff.
Capitolino Museo s. Rom.
Capua (S. Maria). *Tc.* Fabr. VIII 333 f.
Caracalla - Thermen *s.* Rom Bad.
Cascia Gräber VIII 334.
Cassius Dio *71, 8 erl.* IX 79 ff.
Castellazzo di Paroletta. Nekropole VIII 326.
Monte Cavallo s. Rom.
Cella Magna Mater - Tempel, Palatin X 13.
Ceres s. Demeter.
Cestus der antiken Faustkämpfer IV 174 ff.
Chalcidicum Der Basilica von Pompeji III 47 ff. Der Basilica Aemilia VIII 282.
Chalkis Einfuhr von Ch. nach Italien II 245.

Charinos Vasenmaler V 313 ff.
Chariten, Hekateion, Mus. Torlonia I 115.
Charon Kottabosfigur, *Br.* X 84.
Charun Stele I 183.
Cheiron *r. f. V.* VII 184.
Cheramyes Weihgeschenk IX 93.
Chigi *Samml.* VIII 346 ff.
Chirurgische Instrumente IV 13. 103₁.
Chiusi *Ausgrab.* I 217. Cippus IV 89 ff.
Christus als guter Hirte, *Sark.* II 151 f. IV 77 ff. — vor Pilatus, III 92 — Taufe *Sark.* II 152 f., *Mos.*, Ravenna II 296 f. — Typus auf *christl. Sark.* I 190 f. Anbetung der Könige. *Rel.* Ravenna II 298.
Chryseis *W.* V 269 f.
Χυτρόπους (tragbarer Feuerherd) X 40.
Cisternen Orsi VII 180. — im Hause der Eumachia, Pompeji VII 142. —, unterirdische, Syrakus X 198 ff. Wandverkleidung in — X 201 ff.
Civita Castellana Falisker Altertümer II 211.
Claudianus, de sexto consulatu Honorii *erl.* X 57.
Clipeati Trajanbogen Benevent.
Cloaca maxima s. Rom.

Coburgensisblatt, im Cod. Ursinianus V 150 ff.
Cohorten Städt. ohne Beinamen I 44, 73. Teile der horrea I 77.
Collis hortorum s. Rom.
Colonna Marmormosaik C. I 3.
Colosseum s. Rom.
Columbarium s. Pamfili.
Comitium VIII 69.
Commodus mit Tritonen III 303 ff.
Compitalsacellum IV 280 f.
Constantinbogen s. Rom.

Consulardiptychen, entstellte VII 204 ff. Abb.
Corchiano Falisker Altertümer II 21.
L. Cornelius Pusio. Prt. VII 197 ff.
Corneto Funde I 84. II 153. VI 370. VIII 330. Gräber X 82. Marmorkopf II 148. Vasen V 313 ff.
Courcel Samml. C. in Cannes VIII 173 ff.
Cristinus, Barnabas V 85.
Custodiae aedificium, Antiker Grundriss V 50.

D

Daidalos u. Ikaros, W. V 262 f. VI 71. u. Pasiphae, W. V 261. IX 46.
Dalmatien Grenze IX 236.
Dattelernte W. V 157 ff. IX 170.
David u. Gregor d. Gr. Consulardiptychen VII 218 ff.
Deimos u. Phobos als Schlangen, Br. Rel Perugia, IX 284.
Demeter, Altar VIII 224. 251. — Faustina IX 142. — Rel X 72, Trajanbogen, Benevent V II 241.
Demetrios Poliorketes Prt. IV 37.
Demosthenes Prt. I 113.
Diadumenos, St., Polyklet, Mus. Torlonia I 117.
Diana s. Artemis.
A. Didius Gallus I 253.
Dionysos St., Theater, Herculaneum I 58. Villa Adriana VI 238. Museo Torlonia: — psilax I 113. Rel.: —, Eirene u. Plutos V 92 ff. Trajanbogen, Benevent VII 241. 251.

Frgt., Marmor VI 370. rf. V. II 151. V 323. VIII 339. X 64, ,. — tanzend VII 183 f. sf. V. II 258. 261. III 167 f. VIII 338. 347. W. III 207. V 250. etr. Spiegel II 157. Henkel einer Schale I 231. Mos. Tarent X 90.
Dioskuren Gruppe, Lokri V 212 ff, vgl. IV 313. — u Leukippiden, W. VII 12. rf. V. VIII 343.
Dirke Bestrafung, W. VIII 113 f. 248 ff. Gr. VIII 246 ff.
Dis Ara Ditis et Proserpinae s. Altar.
Diskobol W. III 202.
Diskos mit Rel.: Gigantomachie VIII 226 ff.
Dolmen W. III 237 f. V 265 f.
Domitian Prt. Kopf, Mus. capitolino VI 14.
Dreizack Br. II 149.
Drusilla Prt. als Panthea? 189 ff.
Drusus d. Ae. Prt Kopf VI 287 ff.
Duris Vasenmaler V 331 ff.

E

Eirene. — des Kephisodot, Gr., Mus. Torlonia I 116. —, Plutos u. Dionysos Rel. V 92 ff. —, mit Kerykeion, Münzen u. Gemme V 94 ff. —, ara Pacis s. Altar.
Eisenfunde I 52. 152 II 154 f. 256. III 141. 158. IV 4 ff. 104 ff. Anm. VIII 333. IX 39. — messer I 221. — siegel, vergoldet I 230. — zeit, Gräber I 158 ff.

Elagabalium s. Rom.
Elfenbein IV 105. V 280. IX 48. zwei behelmte Büsten I 213. — Cassette mit Rel. III 141. — Rel.: Windgott u. Aura I 126.
Elogien s. Rom.
Engelsburg s. Rom.
Eos u. Kephalos Metope, Selinus VII 193.
Epigonus Bildhauer VIII 253.

Epiktetos, Vasenmaler II 167.
Erinnys rf.V. VIII 332.
Eroten rf.V. II 231. 265. VI 234.
VII 182. VIII 341 ff. bei Tamyris
u. Musen III 211. 247. ballspielend
VI 276 f. W. II 127. 137. III 202
IV 30. 107 ff. V 128. 132 f. 271 f.
VIII 39. — u. Psyche VIII 41.
Rel. I 119. — bei Aphrodites Ge-
burt VII 49 f. — auf Thonflasche
IX 41. Sark. VI 136. — bei Selene
VIII 173. 181. — beim guten Hirten,
christl. IV 77. etr. Ciste II 158.
Glaspaste VII 21. fischender E. St.
Br. V 280. — Kopf. Mus. Torlonia
I 114. — bei Nereide, Torso III 71.
— auf Phaidradarst. V 22. — als
Jahreszeiten, Mos VII 27. Pfeile des
E. in d. bild. Kunst II 44 ff.
Esquilin s. Rom.
Etruskisch. — aes grave II 193 ff.
— Br. Platte; arch. ornamentiert

II 149. — Buchstaben I 92. — Cip-
pus mit Rel. IV 95. — Ciste mit
Fuss- u. Henkelfiguren II 158. — Ei-
senkandelaber IX 319. — Grabstelen
I 184. — Grabmal, W. VIII 331.
— Medusa, aes grave I 179. 181.
— Namen II 278 f. — Sp.: Achil-
leus u. Aias brettspielend II 157,
—: Dionysos II 157. Orestes u. Neo-
ptolemos II 157. — Sp. Kapsel:
Helenas Rückkehr von Aphidna VI
369, — : Pluto, Eirene u. Dionysos
in Rel. V 92. — Stele: die Frauen
von Lemnos im Kampf mit Thrakern
I 183 ff. — Vasen I 22.
Euthydemos von Baktrien Prt. IX
107 ff.
Eutychides Antiocheia VIII 189.
Europa mit d. Stier sf. V. II 258.
III 167. rf.V. IV 370. W. II 115.
Metope, Selinus VI 362. VII 193.

F

Falisker Altertümer (Civita Castel-
lana, Corchiano) II 21 ff.
Fasten Capitolinische I 96. 189. Con-
sularische — I 96-97, 111. Trium-
phal — I 96-97. — vom Tempel des
Jupiter Latiaris V 70 f.
Faun s. Satyr.
Faustina Tempel, Rom III 319. St.,
Cannes VIII 172. Demeter — IX
142 f.
Faustulus I 13 f.
Fescennia II 26 f.
Feuerbecken I 33. — bock VIII 336.
— herde (fornelli) X 38, Pompeji X
150. 153, χυτρόπους (tragbarer Feuer-
herd) X 40. — zange I 33.
Fibula von neuen Typus I 85. a san-
guisuga. 139. Goldfibula mit Inschr.

II 37 ff. 40 ff. 139 f. Abbildungen
von Fibeln II 250 ff. VI 224.
Ficoronische Cista II 228.
Ficus ruminalis Marmormosaik Co-
lonnenes I, 3. 7. 10. traj. Marmor-
schranken VII 287 f.
Flamen Dialis ara Pacis VI 317.
Flamininus T. Quinctius Prt. IX
112 ff.
Florenz Brunnen X 90. Funde VIII
328.
Flussgottheiten W. V 134 f. Torso
VIII 188 ff.
Fortuna mit Füllhorn, Lampe V 236.
W. V 240. St. VIII 288.
Fulminata s. legio.
Fundament. — Konstruktion X 9.

G

Galba s. Sulpicius u. Horrea.
Galbilla Bona dea — I 71.
Gallier sterbender St. Mus. capito-
lino VIII 253.
Ganymedes rf.V. II 231 Taf. X.

Ge Terra mater Rel., ara Pacis IX
202 f. Augustus Primaporta IX 204.
Cameo, Wien IX 205. Tempel d.
Tellus in carinis, Rel., ara Pacis IX
209 f.

Gemmen Eirene mit Kerykeion V
94 ff. —: Greif u. Hirsch IV 288.
—: Peleus, sich salbend X 82. —:
Pferd IV 105, f. — mit mystischen
Zeichen III 315 f.
Genius des Augustus. IV. V 244 f.
Germanen in der röm. Kunst VIII
101 f.
Gewichte V 40 ff. Blei — III 12₁.
IV 21₁. IX 41. Stein — IV 21₁.
Gigantomachie IV. V 129. Diskos-
Rel. VIII 228 ff. pergamenische VIII
228. V. VIII 230. Br. Rel. Perugia
IX 267 f.
Gjölbaschi-Trysa Heroon IX 72.
Girgenti arch. Inschrift X 236 ff.
Gladiatoren Rel., Aquila, V 72.
W. IV 28 f. 117 f. — Inschriften V
25 ff. 64 f. — Aufstand in Praeneste
VIII 219 ff.
Glasfunde II 34 f. 115. 136 f. 254.
III 132. 141. 158. IV 4 ff. Anm.
104, ff. V 140. 230 ff IX 41. 48.
Glasgefässe I 52. 64. 140. Löwenfuss
I 64. Schmucksachen I 138. Durch-
brochene Glaskugel I 139. — paste,
Prt. VI 315. Rel. VII 21 f.
Glaukytes, Vasenmaler IV 153 f.
Goldfunde I 139. II 33. 249 ff. IV 13.
Anm. IV 288. V 243. — nadel,
Inschr. V 285 f.
Gorgo s. Medusa.

Götter als Zeugen irdischen Vor-
gangs X 141.
Grab — Cippen mit Inschr. X 157.
Doppel —, Pietrera-Tumulus VI 230
X 79. — Kammer mit Inhalt VIII
328 ff. — mal, etr., W. VIII 331.
— monumente, Inschr. III 121 ff.
— nischen, vor porta Stabiana V
277. — Rel. u. St. s. Skulptur. —
Stelen etr. I 184. — auf Bronzeam-
phoren II 272 f. ital. der Bronzezeit
VI 361.
Gräber a buco I 89, 191. VI 370.
a camera I 86, 89, 214. III 127. VI
370. a corridojo I 85 ff. II 153. a
culla VIII 334. nel dolio I 158.
a fossa I 18. 85. 214. II 153. a
mensa I 50. a pietra II 247 f. a
pozzo I 18 129 f. III 156. a cubo
di tufo II 218. a tufo o a mattoni
II 248. Ancona, ausgemalt VII 194.
Benevent VIII 334. Cascia VIII 334.
Corneto, ausgemalt VII 336. Cumae,
ausgemalt VI 367. Metapont VI 364.
Orvieto VIII 330 f Pompeji X 156.
Ruvo VIII 333. Syrakus X 193 u.
Anm. Tarent VIII 334. Sicilien VII
175 ff. X 76.
Grammatik. etr. — II 278 ff. fal. —
II 198. 200. osk. IV 80 ff.
Grazien W. IV 30.
Grosseto Ausgrab. I 91 ff. III 156 ff.

H

Haarschmuck I 23. 27. 34. — tracht,
Zeit des Claudius IX 119 f.
Hadriani moles s. Rom, Engelsburg.
Hakenkreuz V 81 f.
Halsband mit Glasfigur der Isis I 138.
Handzeichnungen des Botticelli
zu Dantes Hölle I 192. — des Gian-
nantonio Dosio (Flor. Uffizj 2039)
X 29 f. — des M. van Heemskerck
VI 5 ff. 377.
Harpokrates W. II 119. — geflü-
gelt, St., Br. II 119.
Harpyia W. II 124.
Hebe Kopf, Eleusis I 127 f.
Hebräische Inschr. I 56.
Hekabe Rel. III 103. V. III 108 ff.
Hekateion, Mus. Torlonia I 115.
Rom, IV 74.
Helena Rückkehr von Aphidna Sp.
kapsel, Canosa VI 369.

Helios Kopf, Trianta II 159. Kopf,
Tc. II 161. Lampe IV 16₁. Münzen
II 162. Rel. Mus. Torlonia I 118.
— thronend, Rel. X 67. W. V 264.
Palast, Rel. X 71. — Rinder, Rel.
X 70. — Wagen, Rel. X 70. Tem-
plum Solis, Rom III 98.
Helm I 136. 220. 225. — mit Rel. I
221.
W. Henzen Gedächtnisreden für —
II 65 ff.
Hephaistos sf. V. III 167, Rück-
führung X 84. —, rf. V. II 242.
— an Herden X 41.
Hera Herme VI 148. Kopf, Farnese
I 82. Girgenti I 123 f. Rel. IV 68f.
Trajanbogen, Benevent VII 251. St.
von Alkamenes IV 65 ff. rf. V. I
224. II 264, bei Io VIII 338. W.
V 273. — priesterin mit κλεῖς rj.

V. VIII 338. Tempel der Iuno Cu-
ritis II 23.
Herakles des Skopas IV 189. Prt.
Kopf im Typus des --, Mus. Tor-
lonia I 115. Deckelgriff, Br. II 272;
Herme Capit. Mus. IV 189 f. Con-
servatorenpal. IV 190. Kopf, Athen,
Dipylon IV 198 f. Rom, Pal. Corsini
IV 195 f. Münze IV 87. 213. Rel.:
Trajanbogen, Benevent VII 251. St.
Athen, Nationalmus. IV 199 f. St,
Br. Mus. capitol. VI 15 ff. St., Villa
Borghese IV 193 f. St.: — sitzend
IV 332 ff. St., Tafl: Hercules victor
u. H. cubans VI 150. St. via Appia
III 96 Anm. rf. V. VIII 341. 345.
W. VIII 10. 26. 42. — u. Achel·ios,
sf. V. II 258. — u. Alkestis, Sark.
VIII 177 f. — u. Alkyoneus, sf. V.
III 167. — u. Amazone, sf. V. II
260. V 370. — u. Athena, Br. Rel.,
Perugia IX 296. sf. V. II 174 — u.
Busiris sf. V. III 166. Dreifussraub
sf. V. I 21. II 260. Gigan'omachie
III 177. — u. Hesperiden, christl.
Lampe VII 155; Rel. Mus. Torlonia
I 119, Villa Albani IX 72; W. V
268 f. — u. Hindin, Typus IX 343 ff.
— u. Hydra, Gr. Mus. capitol. IX
334 ff., Rel. einer calener Schale X
210 ff. — u. Jolaos, rf. V. X 83.
— u. Kentauren, sf. V. II 173. W.
VIII 115. — u. Kerberos III 166 f.
—, Kyknos u. Ares. Br. Rel., Perugia IX 274 ff. — u. Löwe, sf. V. I 23
II 175. VI 370. VII 176. rf V. V 326.
— u. Minotauros sf. V. VI 362. —
mit Nike u. Trophäen (Hercules
Victor) IV 334 ff. VI 150. — Opfer,
Constantinbogen IV 320. — u. Prometheus, W. VIII 115. — u. Stier,
Metope, Selinus VI 362. VII 193.
sf. V. II 261. III 173 (¹). rf. V. V 324.
327. VII 178. —, Theseus u. Peirithoos, Rel., Mus. Torlonia, I 118.
— u. Triton, sf. V. VIII 338. — u.
Zeus, Br. Rel., Perugia, IX 268.
Herculaneum Geschichte der Ausgrab. I 57. Villa von --, Büste der

Herrin IX 117 ff. Prt. Kopf. Archidamos III 113 ff. — Lysimachos von
Trakien IX 103. — Demetrios Poliorketes IV 37. — Pyrrhos von
Epeiros VI 279. St.: Dionysos I 58.
Hermes bei Perseus u. Medusa, Ciste
VII 223 ff. — Henkelfigur, Br. VII
17. — Rel. IX 71. X 72 ara, Bo-
logna X 93. Trajanbogen Benevent
VII 251. — Rel. Becher II 115.
Br St. Ruvo IV 311 ff. VIII 26.
sf. V. VII 184. VIII 332. 338. 347.
— im langen Chiton III 176. rf. V.
II 262 f. VII 183 befreit Io VIII
338 W. III 201. IV 28. V 117. 185.
273. Hermes psychopompos, Stele I
183. Altar d. H. u. d. Maia VIII
222 ff.
Hermogenes, Vasenmaler I 29.
Heroon von Gjölbaschi IX 72.
Hesiodos Kopf. Marmor VIII 347.
Hesione W. VIII 42 ff.
Hesperiden Rel. Mus. Torlonia I
119. Villa Albani IX 72. W. V 268.
Hestia Vestatempel, augebl. Palatin
X 28.
Hetäre, flötenspielend, Rel. VII 54 ff.
Hieroglyphen s. Skarabaeen.
Hochzeitsgebräuche italische, Cip-
pus IV 89.
Homerverse auf dem Rel.: Schild
des Achilleas VI 201 ff.
Horen bei Aphrodites Geburt, Rel.
VII 49 Taf. II. — mit Wagen des
Helios Rel. X 70.
Horrea Galbiana I 42 f. 61. 65 ff.
— Sulpicii I 44. 67. — der Stadt
Rom I 67 f. — Sempronii I 67. —
Aniciana I 78. — Lolliana I 78. —
Peducciana? I 127.
Hydratypen X 211 ff.
Hygieia St. Pompeji IV 105 f. St.
Giardino Pallavicini V 66. 68. Rel.
Cap. Mus. IX 66 ff. Athen IX 71.
Hymenaios Rel. Mus. Torlonia I
119 f. Medea Rel. VIII 180.
Hypnos rf. V. VII 183. bärtiger
Idealkopf, Mus. Torlonia I 113.

I

Ikaros, Sturz, W. V 263 f. VI 71.
Ikonographische Studien X 179 ff.
Ikonographie III 113 ff. IX 103 ff.

Ilissosrelief VI 243.
Illusionsmalerei VIII 291.
Illyrische Zollverwaltung VIII 192 ff.

Imola Funde VI 235 f.
Inschriftensammlung Handschr. —
aus dem 15. Jahrh. V 85 ff. — des
Brancatelli V 60 ff.
Instrumente chirurgische IV 13.
103₁.
Insulae s. Rom.
Io u. Argos, *W.* V 234 f. Befreiung
rf. V. VIII 338.
Ionischer Tempel, Lokri Epize-
phyril V 176 ff. VII 109 f. — Säule
V 190 ff. —: Anthemion V 192 195.
—: Basis V 187. —: Bemalung V

195. 199. —: Kapitell V 196. —:
Schaft V 181. *Br. Rel.* Perugia IX
255 ff. 287 ff.
Iphigenie Opferung, ara des Kleo-
menes VII 202.
Iris *rf. V.* VII 183.
Isis *Stt.*, Glas, I 138. Heiligtum in
Rom IV 280. — Athenodoria VII
295 f. — Kopf, Pantheonziegel VIII
312
Ismene *rf. V.* 341.
Italia. Trajanbogen Beneveut VII
247.

J

Jahreszeiten verschiedene Dar-
stell. VII 27. als Knaben VII 195.
Janus Münze I 179 ff. — Tempel,
Rom X 172.
Jason u. Medea, *Rel.*, Mus. Torlonia
I 119.

Jesi Funde VIII 326.
Juno s. Hera.
Jupiter s. Zeus.
M Juventius Laterensis Freund
Ciceros II 292 ff.

K

Kadmos *rf. V.* V 343.
Kalathos IX 143 ff.
Kalchas ara des Kleomenes VIII
202.
Kallikles Bildhauer X 115.
Kandelaber, Eisen —, *etr.* VIII
336. IX 319. — Fuss, *Br. Rel.*, Pe-
rugia IX 296 ff.
Kapitol s. Rom.
Karyatiden von der via Appia IX
134 ff. Villa Albani IX 137 f. 139.
Vatikan, Braccio nuovo IX 138. Brit.
Mus. IX 138. Athen IX 149 ff.
Katakomben jüdische an d. via
Appia Pignatelli I 49. Inschr. aus
diesen I 53-55.
Kentauren silenähnl. Typus *sf. V.*
III 170. *W.* V 135. Karneol VII 21.
Mos. VIII 293. *Br. Rel.*, Perugia
IX 259.
Kithairon u. Dirke *W.* VIII 114.
Kirke u. Odysseus *W.* V 270 f.
Kladeos Ostgiebel, Olympia I 81.
Klazomenische Sarkophage III
163 f.
Kleinmeister attische IV 153.
Kleophrades Sohn des Amasis, Va-
senmaler III 233.

Κλίβανος (Backöfchen) X 42 f.
Knochen, Geräte II 136. 149. III
141. 158 IV 12. Anm. 1. IX 41.
Konstruktion Dach — I 175. V
245. VIII 17. 34 ff. X 150 — des
Pantheon VIII 306 ff. Fundament —
X 9. Gewölbe —, Caracallathermen
VIII 294. — der Kassettendecke des
Vestatempels, Rom IV 245. — von
Mauern der augusteischen Zeit I 102.
104; der republikanischen Zeit I 105;
mitteldicker —, Rom VIII 268; po-
lygonaler — I 64. 245; — der Befe-
stigung von Alatri IV 127 ff. —
der Akropolis von Selinus VII 186.
Opus incertum u. Reticulat X 12,
— signinum I 149.
Kora Raub, Sark. Frgt. Thermen-
mus. VI 240.
Korinthische Weise s. Architektur.
Kottabos Gerät I 222. — spiel I
234 ff. — Figur. Männde I 235. 240,
Charon X 84. Κότταβος κατακτός I
241 f. —, *Rel.* Villa Albani I 242.
— in Gräbern II 31.
Kreon *rf. V.* VIII 341 f.
Kriton Bildhauer IX 161.
Kronos, *St.*, *Br.*, Florenz VII 167 .

Künstlerinschriften V 146. 149.
VI 291 u. 294 f. 305. 322 ff. der ara
des Kleomenes VIII 201 f. 202,.
Kybele Magna Mater Tempel, Palatin X 3 ff. — *St.*, Formia X 90.
— Kopf, Mus. Torlonia I 114. — u.

Korybanten, Sorrentiner Basis IV 311 f.
Kyknos u. Herakles, *Br. Rel.*, Perugia IX 281. — des Stesichoros IX 282 ff. —, Oheim Phaethons, *Rel.* X 69.

L

Lade, Tempelform, *Br.* I 244.
Lampen *Br.* — I 157. *Tc.* — IV 4 ff., Anm. — mit merkwürdiger Marke I 52. — mit Marke u. Darstell. V 280. — mit *Rel.*: Faustkämpfer V 280. Frau mit Füllhorn V 280. Zeus, Athena, Tyche V 236. Pfau IX 39. Christliche — VII 152 ff. — in Gräbern I 52. Samml. Pascale VIII 346. Samml. Passeri VII 144 ff.
Landschaften auf *Rel.* IX 70 ff.
Lanzen I 23. 87. 90. 93. 137.
Laokoon unantike Marmorgruppe, Reggio X 284 ff.
Lararium I 143. Bemalung II 114. IV 6. 116. V 239. 250. 255. VIII 54.
Laren *W.* IV 116.
Laurentina inscr. l. I 121 f.
Legio XII fulminata IX 89.
Lehnen von Sesseln VII 39 ff.
Leichenzug *Rel.*, Aquila V 72.
Lemnos Frauen von Lemnos im Kampf mit Thrakern, *etr.* Stele I 183 ff.
Leto Sorrent. Basis IV 308 f. —, Apollon u. Marsyas, *Rel.* VI 375.

Libelli Eutychetis II 203 ff. — Adrasti II 208. — Vesbini II 208.
Libertinen porträts X 184 ff.
Ligorianische Fälschungen X 289 ff.
Ligorio *Inschr.* der Schola Xantha III 208 ff.
Liste italischer Völker I 254. Soldaten —, *röm.* IX 231 f.
Livia *Prt.* II 3 ff. VII 29 ff
Loculi in Katakomben I 50 f.
Lokri Epizephyrii *Ausgrab.* IV 342. 345. Stadt V 162 ff. Alter Tempel V 169 ff Jonischer Tempel V 176 ff. Giebelgruppe V 201 ff.
Löwe *Rel. Frgt.* VIII 329. — u. Wild, *Gr.*, Mus. capitolino VI 6 f. —, *St.*, mittelalterlich, Senatorenpalast IV 76 f.
Lydus, de mensibus IV 2. X 175 f.
Lysikratesdenkmal IX 72.
Lysimachos von Thrakien *Prt.* IX 103 ff.
Lysipp, Helios II 163.

M

Magier altchristl. *Sark.* III 94.
Magna Mater s. Kybele.
Maia Altar VIII 222 ff.
Mänade *sf.V.* II 261. III 160. *rf.V.* II 169. VII 183 ff. VIII 339. als Manesfigur I 235. 240. Ciste VII 223 ff. *Rel.* VIII 173 f. Kopf, *Tc.* VIII, 27.
Manes s. Kottabos.
Manutius Inschr. der Schola Xantha III 208 ff.
Marcus Aurelius Säule IX 78 f.
Marcellus Enkel des Augustus, *St.* Pompeji VI 268. 287. 310f.

Maria Die hlg. —, altchristl. *Sark.* II 298.
Marliani *Inschr.* der Schola Xantha III 208 ff.
Marmor Bildwerke aus —, s. Skulptur. — mosaik Colonnese I 3 ff. — plan, Perugia V 46 ff., Urbino V 52. *Frgt.* von der via Labicana V 301. — platte mit Malerei V 140. mit Zeichnung V 140. — tafeln mit Kopieen von Aktenstücken VIII 299f. — Tisch IX 42.
Mars s. Ares.
Marsfeld s. Rom.

Marsyas u. Athena, *IV.* V 266 ff.
— u. Apollon, *Rel.* VI 373 ff. — u.
Feigenbaum Traj. Marmorschranken
VII 287 f.
Martialis *VII 73.* X 3. — *I 70.*
X 26.
Maussollos *St.* Brit. Mus. I 188.
Medea *Rel.* Mus. Torlonia I 119.
Sark. III 98. VIII 180.
Medusa Köpfe, *Tc.* Anteflx I 257.
Polychr. Kopf, *Tc.* Anteflx I 157.
— Ludovisi VII 106 f. Münze I 179.
181. *Rel.*: Schild des Achilleus VI
197. *Br. Rel.*, Perugia IX 261. Tod
der —, Ciste VII 223 ff.
Meergott *Br. Rel.*, Perugia IX 260.
Meilensteine, *röm.* III 13. 83 f.
der via Ostiensis X 298.
Meleager — u. Atalante, *Sark.* III
97. — Cippus IV 100.
Melos Aphrodite, *St.* IX 90.
Mercur s. Hermes.
Messergriff mit Zeichnung u. Auf-
schrift II 149. mit Zeichnung VII 24.
Metapont zwei dorische Tempel VI
363. Funde VI 366.
Mietshäuser s. Rom.
Mikon Maler IX 229 f.
Milon von Croton, *St.* Mus. Torlonia
I 115.
Minerva s. Athena.
Minicius Natalis Ehreninschr. III
84 ff. 97.
Minium fabriken s. Rom.
Minotauros *sf. V.* II 174. *Br. Rel.*
Perugia IX 269 f.
Mithras Kult III 316. — monu-
ment VII 339.
Mithradates Eupator von Pontus,
Prt., Marmorkopf, Kapitol X179 ff.
Münzen X 181 ff.
Mnemosyne u. Musen, *Rel.* Chigi
VIII 64.
Mosaik Marmor — Colonnese I 3.
—: sog. Akratos, Pompeji, casa del
Fauno VII 26 ff. Autumnus Trier.
VII 27. Bakchos, Tarent X 90. Ken-
taurenkampf VIII 293. Orpheus VII
293. — Palaestra, Tusculum X 121.
Bevagna VI 373. S. Constanza IV

79. Oderzo VI 373. Ostia I 194 f.
Pompeji VII 12. 111₁. Ravenna,
S. Giovanni in fonte II 296. Rom,
castra praetoria VI 115 f. Villa Ca-
sali, VI 109 f. Villa ad gallinas
VII 195.
Moses christl. *W.* IV 262.
Muffel, Nikolaus Beschreibung der
Antiken in Rom III 254 ff.
Mühlen Stampf — (pistrina I) 45 ff.
II 132 ff. Hand— IV 4.
Münzen aes grave I 179 ff. *etr.* II
193 ff., aes rude II 32 f., aes signatum
I 181 f. Asse II 148. V 280. 284.
Sesterz V 230. Silber — VI 287.
Br. —, III 122. IV 12₁ f. 15₁. 25₁f.
29₁. 103₁ f. V 254. 257. 280. IX 39.
41. Silber —, IV 25₁ f. VI 287.
Gallische —, VI 370. — der Kai.
serzeit I 108. — der Republik V
284. —. römisch-campanisch II 148.
—, vortiberianisch III 121. —, un-
kenntlich X 156. —: Agrippina *Prt.*
VII 232. — des Antoninus Pius I
167 f. —: Aphrodite III 72. —: Artemis III 281 ff. — des Augustus
III 132. 141. IV 334. VI Taf. IX,
VII 232. — von Bruttium III 72.
— von Cales I 63 f. —, des Claudius II 136. V 230. 280. —: Eirene
mit Kerykeion V 94 ff. — Euthydemos von Baktrien IX 110 f. — des
Galba IV 4₁. —: Helios II 162.
—: Herakles IV 87. 213. —: Ja-
nuskopf I 179. —: Medusa I 174.
181. — des Mithradates Eupator
X 181 ff. —: Nereide III 72. — des
G. Pompeius filius u. des S. Pom-
peius I 36. — des T. Quinctius Fla-
mininus IX 114 f. —: Seleukos Ni-
kator IV 38. — von Terina V 95 ff.
—: Tibergott I 168. — des Tiberius
III 132. IV 4₁.
Musen, *Gr.* Vatican IX 69. —
Rel. Chigi VIII 62 ff. — *Sark.*
Cannes VIII 182. — u. Athena,
Giebel des Nervaforums IV 88. —,
Athena u. Marsyas, *IV.* V 266 ff.
— u. Apollon, *rf. V.* VIII 70. — u.
Thamyris, *r V.* III 239 ff.

N

Namen von Sklaven u. Freigelass-
enen, abgeleitet von Namen der

Kaiserl. Familie oder adliger Häuser
III 223 ff. 312.

Narkissos *St.* capitolin. Museum I
62. zwei *St.*, Giardino Pallavicini
V 66, 68. *St.* VIII 101 ff. *W.* IV
118. V 272.
Nekropolen Capodimonte I 18 ff.
Castellazzo di Paroletta VIII 326.
Chiusi I 217 ff. Corchiano II 29 f.
Grosseto I 91 ff. III 156 ff. Orvieto
I 214. Pompeji X 156. Rom, Porta
Salara. VIII 287. *arch.* Gräber,
Esquilin IV 278. — der Kaiserzeit,
Esquilin IV 279. Suessula II 233 ff.
Syrakus, — del Fusco X 78. Todi
I 228 ff. Tolfo u. Allumiere I 158 ff.
221 ff. Vetulonia I 129 ff. via Nu-
cerina III 120 ff. Visentium I 24.
Nemi Herme des Sees von — I 61.
Ausgrab. II 148 f.
Neoptolemos *Rel*, Florenz III 102.
V. III 103 ff.
Nereiden *W.* II 115. V 119. 132 ff.
Torso. Vatikan III 69 ff. *St.* III 69₁.
rf.V. IX 229.

Nereus *rf.V.* IX 229.
Nervaforum s. Rom.
Nikandra Weihgeschenk IX 93.
Nike *rf. V.* II 243. *W.* III 200. IV
107. *Sark.* III 306. Anm. 2 f. *Christl.*
Lampe VII 153. Consulardiptychen
VII 211 f. *St.* Aphrodite von Melos
IX 90. *St.* Paionios IX 164 f. bei
Herakles IV 334. Victoriatempel,
Palatin X 23.
Nikolaos Bildhauer IX 161.
Nikosthenes Vasenmaler V 322 ff.
Niobe mit Tochter, *Gr.* Mus. Tor-
lonia I 116.
Niobiden *W.* VIII 116
Numana Funde VI 234.
Nuraghe, Tempio X 77.
Nymphäum, Alexandri II 295. —
Terracina VI 373. — vigna de Ca-
valieri, Rom IX 332 f.
Nymphen *sf.V.* III 167. *W.* III 201.
V 266 ff, *Rel.* VIII 183. IX 71. *St.*
VI 373.

O

Obelisken Benevent VIII 210 ff.
Octavia *Prt. St.*, Pompeji VII 169 ff.
Odysseebilder *W.* Esquilin X 330.
Odysseus bei Kirke *W.* V 270 f.
— Tod *V.* VII 222.
Oelgiesser *St.* Typus s. Athlet.
Ognissanti Funde VIII 326.
Ohrschmuck I 23. 226 ff. Gold V
243.
Oknos *W.*, Villa Pamphili VIII 125.
Olympia Giebelskulpturen des Zeus-
tempels II 53 ff.
Olympos *Rel.*: Apollon u. Marsyas
VI 375.

Opfer *Rel.*, ara Pacis IX 207 f. —
diener, ara des Kleomenes VIII 203.
— graben, Tempel von Alatri VI 143.
Opus sectile I 4 ff. bei Wanddeko-
ration VII 9.
Orestes Tempel, Faleria II 24. —
u. Neoptolemos. *Sp.* II 157.
Orpheusrelief VIII 203 ff. — *Mos.*
VIII 293.
Orphisches auf *att.* Grablek. V 69f.
Orvieto *Ausgrab.* I 214. Gräber-
funde VIII 330 f.
Ostia *Ausgrab.* I 193 ff.

P

Paalstab, mit Lappen I 139.
Pagi duo — VIII 225. septem —
VIII 225.
Paionios Nike IX 164 f.
Palaestra —, *Mos.* Tusculum X
121. —, *rf.V.* X 122. —, Pompeji
III 194 ff.
Palatin s. Rom.

Palladium *Rel.* IX 131.
Palmen auf Ziegelplatten u. *W.* in
jüdischen Katakomben I 52. 55.
Palmetten *Br.* Perugia IX 309 f.
Pamfili (villa) Gemälde des Colum-
bariums VIII 105 ff. *Inschr.* des Co-
lumbariums VIII 145 ff.
Pan, Kopf, Mus. Torlonia I 114. —

Torso, Mus. Torlonia I 117. — Rel.
Florenz I 163 f. IX 71. Metapont
VI 364 f. — rf. V. VIII 311.
Pantheon s. Rom.
Paris bei Menelaos, V. Santangelo
X 95. — urteil, sf.V. II 174. rf.V.
II 263, W. V 117? 272 f.
Parra I 10 f.
Parthenonfries Frgt. VIII 76 ff.
Nachbildung, Thonrel IX 94.
Pascale Sammlung VIII 336 ff.
Pasiphae bei Daidalos, W. V 261.
Passio S. Philippi episcopi Hera-
cleae VII 162 f.
Patronatstafel VI 339.
Pax s. Eirene.
Pegel, röm. VIII 320.
Peitho rf. V. VIII 341. 343.
Poleus u. Thetis sf.V. II 260. rf.V.
VII 184. — u. Kentauren, grav. Br.,
Perugia IX 260. — sich salbend,
Gemme X 82.
Penelope u. Freier, rf. V. VII 181 f.
Pergamon Fechter St. Mus. Tor-
lonia I 116 f. Ausgrabungen II 60 f.
Pergula, Bedeutung des Wortes in
der antiken Architektur II 214 ff.
Persephone rf. V. I 224. Torso,
Lokri Epizeph. V 207 f. 221. Ara
Ditis et Proserpinae s. Altar.
Perserhalle IX 153 Aum.
Perseus u. Andromeda, V. Sant-
angelo X 95, W. V 233. — u. Me-
dusa, Ciste VII 223.
Perugia Bronzen IX 253 ff. Ausgr.
I 220.
Pferde, Giebolfig., Lokri V 201 ff.
— gebiss, Br. I 139. —, geflügelte.
des Ares, grav. Br. Perugia IX
274 ff. Rel. Frgt. VIII 320. —
schmuck (tintinnaboli) I 159. X 77.
Phaethon bei Helios, Stuck-Rel.
X 67.
Phaidra, W. u. andere Darstellun-
gen V 17 ff. VI 246 ff. — u. Hippo-
lytos, W. V 260.
Phallus, fisch, Amulet, Elfenbein.
— auf Tuffplatte VIII 14. — über
Stadtthor, Alatri IV 141. — mit
Beinen, Thonteller II 151.
Phidias, Amazone I 63. Apollon VI
878 f. Aphroditegeburt VII 50 f.
Amazonomachie, Schild der Par-
thenos VIII 231.
Phocassäule s. Rom.
Phönizisches Gerät I 134 f.
Picus I 10.

Pilos auf altgriech. Darstellungen
II 186 1.
Pilum VIII 335.
Piscina mit eingemauerten V. X
155.
Planeten W. Ostia I 195.
Platon Kopf Mus. Torlonia I 115.
— u. Pythagoras, Doppelherme,
Athen, Polytechnikon I 60.
Plautus Parabase des Curculio VIII
282 ff.
Plinius n. A. 34, 88. VIII 253.
Plutos bei Eirene u. Dionysos Rel.
V 92 ff.
Polygonale Mauer I 64. 245 f.
Polyket u. seine Schule X 111 s.
Diadumenos.
Pompeji
a) Ausgrabungen Regio V ins. 2 V
257. n. A VIII 4. n. B VIII 7. n. C
VIII 9. n. D VIII 11. n. E. VIII
28. n. 6-8 IX 37 ff. (n. 6 u. 7, In-
schr. u. Funde VII 17). n. 9-12
IX 43 (n. 10, W. V 26.). n. 13-16
IX 48 ff. (n. 14 V 270). n. 17-19
IX 57 oecus corinthius X 147. ins. 5
X 148 ff. Regio VIII ins. 2 n. 14.
16 VII 4 ff. n. 19-21 V 111. n. 21
III 205. n. 22, 24 III 194. n. 26. 27
III 189. n. 28 III 181. n. 38. 39:
casa di Giuseppe II. II 110. ins. 7
I 141. n. 32-35 I 148. n. 36, 37 I 203.
Regio IX ins. 7 V 228. n. 1-2 IV 3.
n. 3-5 IV 9. n. 6-7 IV 14. n. [12-13]
IV 101. n. [14] IV 117. V 231. n. [15]
V 236. n. [16] V 252. n. [17] V 254.
n. 19-20 V 236. ins. östlich von 7ª
V 257. Ausgrab. vor der Mauer X
156. — vor porta Stabianu V 277.
Zeit der Katastrophe V 282.
b) Architektur: Basilica III 14 ff. VI
67 ff. VIII 106 ff. Casa del peristilio
rodiaco X 146 [VIII 28]. Foro trian-
golare, Vorhalle X 47. Haus der Eumachia VII 113, — eines Weinhänd-
lers mit 4 Brunnen IV 15. Mauertürme
X 223. Palästra III 198 ff. Porticus
des Forums VI 168 ff Tempel auf
dem Foro triang. VI 258, — des Genius Vespasiani X 214 [VII 110],
sog. — des Mercur VII 110. Villa der
Julia Felix X 225. Wasserleitung X
216.
c) Bauliche Einzelheiten. Atrium, bedeckt X 149. Bäder II 133. III 194.
V 130. X 226. Cisterne im Hause
der Eumachia VII 142. Dachkon-

struktion V 245. VIII 17. 34 ff.
Frauenbäder X 219. Gräber X 156.
Grabnischen, via Nucerina III 123,
vor porta Stabiana V 287. Luftröh-
ren für Heizung II 131. Oecus corinthius IX 37. Peristylium Rhodiacum VIII 46. Piscina mit eingemauerten V. X 155. Steinmetzzeichen X 47. 49. Thermopolium
IX 48 f. Thüre zwischen fauces u.
atrium I 149. Thürschluss, eigentümlicher III 195. Treppe, teils Stein,
teils Holz X 150. 154. Zimmer, dop-
pelt verschliessbar III 191. Zeichnungen u. Inschriften (osk.) der Basilica VI 70.
d) Bauteile. Antefix. Tc.: Medusa I 157.
Gebälk vom Hause der Eumachia
VII 114. 121 ff. Pilaster der Basilica IV 24. Röhre, Tc., eingemauert
I 152. Säulen, Fryt. dorisch V 120,
ionisch V 120, — der Basilica III
23. IV 24. VI 69, — vom Hause
der Eumachia VII 114. 120 f. Sima
mit Löwenkopfen, Tc. polychr. I
207 f. Ventilationsröhre Tc. I 211.
Zierleiste, Tc. Fryt., mit Tierprotome I 208.
e) Skulptur. Büste, Br.: Bakchant
V 139: 2 — mit Helm, Elfenbein, I
213. Gr.: Knabe mit Gans V 140.
Kopf, weibl. V 251. Löwen — V
283. Pfeiler —: Backchant IX 42.
Re l. Fryt.: Frau IV 29, Stuck —:
Pegasus V 241. St.: Diana V 139,
Octavia VII 169, Prt. — aus dem
Macellum VI 287. 308 f., Grab St.,
Tuff: Greis, Mann, Jüngling, Frau
III 135, —. Travertin: Mann, Frau,
Torso III 135. St., Br.: Hermes VIII
26; Eros V 280; Harpokrates II
119; Zeus II 119. V 254: Elfen-
bein: Aphrodite V 280; Marmor:
Aphrodite VII 24, Hygieia IV 106,
Kind II 113, weibl. V 229. Torso:
Apollon II 138.
f) Antiquarische Funde: Altar Tc. V
251, Travertin IV 4. V 251. Becher
mit Rel, Tc. III 115. Bleigewichte IX
41, — siegel V 44. Bronzegefässe IV
103,, — gerät I 151. 157. II 115. 136.
IV 5, ff 103, ff. V 139 f. 230 ff. VII 17.
IX 39. 41. 48. Eisengerät IV 104. IX
39. Elfenbeincassette mit Rel. III
141, — Kästchen IV 105,, — gerät
V 280. IX 48. Feuerherde X 150. 153.
Gemme IV 106,. Glasfunde II 115.

136. III 132. 141. IV 4, ff. 104, ff.
V 140. 230 ff. IX 41. 48, — paste,
Rel. VII 21. Instrumente, chirur-
gische IV 13. 103,. Kandelaber mit
Büsten: Herakles u. Omphale VII 5·
Kindersaugflasche, Tc. IX 41. 48.
Lampe, Br. I 157, Tc. IV 4, ff, mit
Rel.: Faustkämpfer V 280, : Frau,
sitzend V 280, : Helios IV 16,,
: Pfau IX 39, : scenische Maske IV
4,.5,, : Zeus mit Adler V 230, : Zeus,
Athena, Tyche V 236. Mosaik VII
12. 26. 111,. Ohrschmuck, Gold V
243. Puteal, Tc. IV 10, —, Marmor
V 140. Rechen, Eisen I 152. Ring,
Gold V 243. Sonnenuhr II 136.
Spiegel, Silber IX 41. Terracotta II
135. IV 104, ff. V 230 ff. VII 8.
— Kopf: Mänade VIII 27, — Stt.:
Athena VIII 27, : Frau II 135. Thür-
schluss, eigentümlicher III 195. Va-
sen II 136. IV 4,. 29,. 103 ff. V 140 f.
230. 257. 284. VII 18 f. VIII 6 ff.
IX 41 ff. 48.
G. Pompeius Magnus Marmorkopf,
Paris I 36. zwei Köpfe, Mus. Torlonia
I 41. G. Pomp. filius, S. Pomp.
Münzen I 36. Kopf der St. Spada
I 41.
Pomponius Laetus u. der piemon-
tesische Graf Ludovico Tizzone IV
340 ff.
Pontifex maximus Rel. IX 132.
Porträts s. Skulptur, Libertinen u.
die einzelnen Namen.
Poseidon sf. V. II 174. 260. rf. V.
VIII 333. 341. IX 229. IV. V 263 f.
Tempel, Tinos IX 94.
Praenesto Garnison VIII 219 ff.
Praxiteles Künstlerinschrift VI 291.
294. 322 ff. Replik des ausruhenden
Satyrs VI 373. Stil des Pr. im Rel.
Chigi VIII 74.
Priamos Tod des — in der bild.
Kunst. III 101 ff.
Priapos mit Dionysos u. Eirene V
102 f. —, IV. V 240.
Probi appendix VII 272.
Prometheus Befreiung, IV. VIII
115.
Pronubae Rel. etr. IV 95.
Propertius III 31 erl. IX 241 f.
Proserpina s. Persephone u. Altar.
Psyche IV. V 273. VIII 41.
Ptolemaios Soter Prt. IV 33 ff.
Puppe Holz in Grab IV 288.
Pygmäen IV. I 156. II 124. VIII

41. 115. 126. 130. 135. *rf. V.* VIII
340. *rf. V.* VIII 340. *Br. Rel.*, Perugia IX 259.
Πὐϱαυϱος (Kohlenträger) X 42. — mit
Rel.: Des VII 108 f.

Pyrrhos von Epeiros *Prt.* VI 279 ff.
Pythagoras u. Platon, Doppelher-
me, Polytechnikon, Athen I 60.
Pythokles Basis, Rom VI 301 ff.

Q

Quirinal s. Rom.

R

Rasiermesser vorrömische — II
150 f.
Räuberwesen, Bekämpfung in der
Kaiserzeit II 17 ff.
Regengott Marc Aurelsäule IX 87 f.
Reggio Fundo VIII 334.
Regionsnamen s. Rom.
Reiter s/. V III 161.
Relief s. Skulptur.
Reticulat X 2.
Ring mit Karneol VIII 335.
Ringergruppe *W.*, Palästra von
Pompeji III 199.
Rom
 a) Allgemeines: Aelteste Kunst in
 Rom II 221 ff. *arch.* Skulpturen in
 Rom I 79 ff. Aus Rom Frühzeit
 X 160 ff. Begräbnisplatz innerhalb
 der Mauer VI 148. Drainagesystem...
 II 81 ff. Gräberschichten vor Porta
 Salara VIII 287. Jahresberichte zur
 Topographie der Stadt IV 227 ff. VI
 73 ff. VII 265 ff. VIII 259 ff. Insulae
 u. Miet-häuser VII 279. Klima des
 alten Rom II 76 ff. Regionsnamen
 VII 270. Roma quadrata VI 156. VII
 293. Strassennetz VII 278. Tägli-
 cher Wasserverbrauch VIII 277. Ti-
 bermessung VIII 320. Tiberregulie-
 rung VIII 324. Umfang im Jahre
 73-71 VIII 277 ff.
 b) Rom in Mittelalter u. Neuzeit:
 Beschreibung des Nik. Muffel III
 254 ff. Fresco Sodomas II 149 f. Gemälde Cimabues II 62 f.; — Andrea
 Solarios VII 275, Florentiner —, *LL*
 Jahrh. VII 261 f. Zeichnungen in
 einem Codex des Escurial III 94 f.
 317 ff. IV 75 ff.; — des Fra Gio-
 condo VII 274 f.; Heemskercks VI

 377. VII 275; — Peter Vischers VII
 275; — Sangallos vom Pantheon
 VIII 308 ff. Forum Romanum im *LL*
 u. *LL. Jahr.* IV 236 ff. Palazzo Maggiore im *1618. Jahrh.* IX 3 ff.
 c) Forma urbis Romae IV 78 f. 187
 Abb. 228 f. VI 73 f. Abb. VII 266 ff.
 Forma Augusta, Forma Severiana
 VII 266 ff.
 d) Stadtteile: Aventin VIII 293. Caelius IV 261 ff. VI 107 f. VII 297 ff.
 VIII 295 f. collis hortorum IV 269 ff.
 VI 123. 155 f. VII 313. Esquilin IV
 278 ff. VII 301 ff, VIII 296 ff. Kapitol IV 254 f. VI 103 f. VII 290 ff.
 VIII 287 f. Marsfeld IV 263 f. VI
 124 ff. VII 314. VIII 304 f. Monte
 Cavallo I 190. III 271. Monte Te-
 staccio VIII 293. Palatin IV 255 ff. V
 76. VI 104 ff. VII 292 ff. VIII 289.
 X 3 ff. 252 ff. Quirinal IV 274 ff. VI
 115 ff. VII 308 ff. VIII 302 ff. Septi-
 montium X 166 ff. Subura X 167 ff.
 Viminal VII 305 ff. VIII 302.
 e) Plätze, Strassen, Thore. Augu-
 stusforum IV 247 f., Elogien auf
 dem — IV 248. VI 99 ff. Campus
 Caelemontanus VII 299. Comitium
 VIII 79 ff. Forum Julium VIII 82.
 85. F. Romanum II 149 f. III 94 f.
 317 ff. IV 75 ff. III 99 f. IV 236 ff.
 VII 281 ff. Gallinae albae VII 307 f.
 Gärten des Agrippa VIII 305. Nervaforum VI 102 f. Porta Ardeatina
 IX 320 ff. Porta Ostien- sis VII
 297. Porta Quirinalis VIII 304.
 Saepta VII 316 ff. Vaticanum VII
 329. via Merulana VII 301. via sa-
 cra I 99. Volcanal VIII 87, f.
 f) Bauten und Denkmäler. Antikes

Gebäude unter dem Monte Citorio IV 48 ff., — beim atrium Vestae I 99, — bei Bocca della verità unter dem Vestatempel VII 108, — beim Tempel der Faustina I 99 ff., — unter S. Stefano rotondo VII 297 ff. ant. Molo im Tiber VII 322 ff. ara Maxima VII 293 ff. Augustusbauten auf d. Forum IV 243. Basilica Aemilia III 95 f. VIII 281 f. — des Constantin VII 289, — Opimia VIII 84, — Porcia VIII 84. Befestigung, servianische VIII 293 303. Brücke s. pons. Carcer VIII 85. casa Cacae X 163 f. Circus Maximus VII 295. Cloaken IV 236. VIII 292 f. C. Maxima VI 86 ff. Colosseum III 269 f. Columna Maenia VIII 84 f. Compitalsacellum IV 280 f. Curia VIII 278 ff. Curia Hostilia VIII 85 ff. 89. Curientreppe, Wangenschmuck, VIII 281. Denkmal des Septimius Severus III 257. domus Augustana VI 105 f. IX 9 ff. 239, — Cornificiae VII 296, — Equitii VIII 298, — Flaviorum VI 120. IX 18 ff., — Martialis VI 121, — pulverata VIII 260. Engelsburg VI 137 ff. VIII 323. Gebäude auf Palatin u. der Velia IX 29 ff. Graecostasis VIII 87. Granitschale auf d. m. Cavallo I 190. Haus auf dem m. Caelius IV 261 f. VI 107 f. VII 297. — auf dem Palatin VIII 289 ff Kaiserpaläste IV 255 ff. X 252 ff Kapelle S. Michele in den Helenathermen VII 273. Kirche St. Andrea X 280. Kolosse vom Monte Cavallo III 271. Latomien VIII 303 u. Anm. Mauern des Aurelianus u. Probus VIII 276. Miniumfabriken VI 122. Palast der Pomponii VI 120, — des Nero VII 289, Plan 291. Phocassäule III 99. IV 242. VI 88 ff. pons Aelius VIII 321 ff. Agrippae IV 285 ff VI 135 f.; — Caligulae zwischen Palatin u. Kapitol VIII 264, 1; — Cestius IV 282 ff.; — Probi VIII 320; Ponte Sisto VIII 320. Porticus Liviae IV 78 f.; — Vipsania VIII 305. Praefectura urbana VIII 229 Puteal des Attius Navius VIII 92. Regia 194 ff. 108 ff. 189 ff. Reiterstatue Caesars VII 289. Rostra IV 238 f. VIII 87. Sanctuarium in Trastevere VI 149 f. Säule des Marcus Aurelius IX 78 f; — des Divus Pius IV 42 ff.; des

— Phocas III 99. IV 212. VI 88 ff.; — des Trajan III 275. Schola Xantha III 208 ff. secretarium Tellurense VIII 299. Senaculum VIII 87. Septizonium des Septimius Severus II 295. Stadium IX 16 ff.; Ausgrabungen a. 1552 X 276 ft.; palatinisches — IV 257 ff. statio marmorum VII 322. subsellia tribunorum VIII 93 Anm. Tabernen des Forum Iulium VIII 82. 85. Tempel des Antoninus u. der Faustina III 319; — des Apollo Palatinus V 76 f.; — des Asklepios I 170 ff.; — der Cloacina VIII 284, 1; — der Concordia, vortiberianischer VIII 83 f.; — des Divus Iulius IV 243; Elagabalium VII 158 ff.; — der Faustina minor, Kapelle VIII 284 f.; — der Felicitas VIII 86 f.; — des Ianus X 172; — der Isis IV 279 f.; — des Iupiter Capitolinus III 150 ff. IV 229 ff; Kapelle der viatores quaestorii ab aerario VIII 285; — der Magna Mater, Palatin X 3 ff.; — des Mars am clivus X 24, 1; — der Minerva Medica IV 278, atrium Minervae VIII 280; Mithraeum, Palatin VIII 289. Nymphaeum in der vigna de Cavalieri IX 332 f.; Pantheon III 261 ff. VIII 305 ff.; Tempel des Quirinus VI 119. VII 312; Rund — Piazza Bocca d. Verità VIII 293; — des Semo Sancus IV 271; — der Tellus VIII 301; — der Venus hortorum Sallustianorum IV 270 ff.; — der Vesta III 270. IV 245 ff. VII 284 ff. VIII 285 f. IX 131, angeblich auf dem Palatin X 28; — der Victoria auf d. Palatin X 23. Thermen des Caracalla VIII 294; — des Diocletian VII 308 ff.,; — der Helena VII 273; — Neronianae · Alexandrinae VIII 305; — des Titus IV 78 f. VII 302; — des Trajan VII 302 f. Triumphbogen des Constantin IV 314 ff. V 73 ff.; — des Titus III 269. IX 5. Velabrum IX 29 ff. Viadukt am Pons Aemilius VI 145 ff. Wasserleitung IV 235.

g) Museen u. Sammlungen. Conservatorenpalast, Gr., Marmor: Commodus u. Tritonen III 303; Herme, Herakles IV 190. Lateran: Rel Palästrascene X 120, — Frgt. X 246 ff. Museo capitolino: Geschichte der Sammlung VI 3 ff. Gr., Marmor:

Herakles u. Hydra IX 334 ff. —: Löwe u. Wild VI G. Herme: Herakles
IX 190. 197. *Prt.* Kopf, Marmor: sog.
Alexander X 179, — Domitian VI
14, — Mithradates von Pontus X
179. *Rel.*: Asklepios u. Hygieia IX
66, —: Schild des Achilleus VI
183 ff. *St.* Marmor: Sterbender Gallier VIII 253: —: Jüngling I 61,
—: Narkissos I 62. Museo dell'Orto
botanico, Torso, Marmor: Jüngling
X 90. Museo delle terme Diocleziane. Kopf, *Br.*, *Prt.*: Kaiser VI
238, —: Tiberius? VI 238. —, Marmor: Jüngling VI 304, —: *weibl.*
VII 337. VIII 96, —: VIII 95. —:
Amazone VIII 95, —: Ares VI 239,
—: Meleager IV 220, —: eines Kna-
ben VIII 95. Herme: Wagenlenker,
Prt. VI 238. *Rel.*: Erdgöttin VI
239, —: Tempelgiebel VIII 335.
Fries, *archaist.* VIII 335. *Frgt.*, von
Gr.: Koraraub VI 240, —: Satyr
u. Knabe, — von *Rel.* X 246 ff.
St. Br.: Dionysos VI 238, Faust-
kämpfer VI 238; Marmor: Apollon
VI 304 ff. 377. VII 195; Asklepios
VII 195: Athena, *arch.* VI 239;
Dionysos VI 238; Hermaphrodit VI
238; Knabe von Subiaco VI 238;
Kolossal —, *weibl.*, VIII 335. Torso,
Marmor: Eros? VI 239, Frau, sitz.
VI 239. Votivhand, *Br.* VI 238.
Museo Torlonia. Statuen 112-118,
Reliefs 118 ff. Kopf, Marmor: Me-
leager IV 222, *Prt.* —: Euthydemos
von Baktrien IX 107. *Rel.*: Philo-
ktetes? VII 110. Odeo, Torso: Athlet
VI 304. Palazzo Altemps: *St.* Mar-
mor: Herakles IV 331. Pal. Barbe-
rini: *St.* Marmor: Meleager IV 219.
Pal. Corsini: Torso, Marmor: Me-
leager IV 220; Kopf, Marmor: He-
rakles IV 195. Pal. Sciarra: Kopf,
Marmor: Amazone I 63. *St. Br.*:
Jüngling II 90. Palazzo Spada: *St.*
Marmor: sog. Aristoteles V 12 ff.
Pincio: *St.* Marmor: Asklepios IX
74 ff. Studio Canova, Kopf, Marmor:
Herakles II 197. V a t i k a n. Altar:
Mercur u. Maia VIII 222. Kopf,
Marmor: Jüngling, *arch.* I 79, nicht
arch. I 79, – Aktaion, *arch.* VI
153, — Gallier X 126, — Herakles
IV 194, — Meleager IV 221; *Gr.*
Marmor: Musen IX 69. *St.* Marmor:
Karyatiden IX 138, Tritonen III 303,

Mnemosyne VIII 64. Torso, Marmor:
Aphrodite? III 69, Flussgott VIII
188. Mus. Chiaramonti: Kopf, *weibl.*,
arch. I 200 Villa Albani, *St.* Marmor: Karyatiden IX 137. 139; Kopf,
Marmor: Herakles IV 194, —: Meleager IV 222, —: Zeus VIII 184:
Rel.: Herakles u. Hesperide IX 72.
—: Kottabos, Satyr u. Mänade I
242, —: Sinis I 248, —: Vestalinnenopfer IX 127, — I 247 ff. Villa
Borghese, *Rel.*: Telephos VI 177.
Villa Ludovisi, *St.* Marmor: Amazone, *arch.* IV 86. Kopf, Marmor,
weibl., *arch.* I 125. Aphrodite VII
61, — Hera X 189, — Meleager,
falsch aufgesetzt IV 221; *Rel.*: Medusa VII 106. Villa Martinori, *St.*
Marmor: Herakles IV 196.
h) Funde *a.* Architektur: Architrav,
Frgt. IV 265. Fries *Frgt.* VI 101.
Gebälkstück mit *Rel.* IV 265. Giebel,
Nervaforum IV 88. *b.* Skulptur: Büste, *weibl.* IX 332. Diskus, Eisen,
mit *Rel.*: Gigantomachie VIII 226.
Gr. Frgt.: Satyr u. Knabe VIII 96.
Hekateion IV 741. Herme: Silvanus
VI 114. Kolossalkopf, Marmor: Jüng-
ling VII 195, — *männl.* VIII 324,
weibl. VIII 324. Kopf, Marmor,
weibl. VII 195. IX 162, — Helios
II 159, — Silensmaske VIII 324,
Prt. — Drusus maior VI 287, —
M'. Poblicius Hilarus VI 110, — IV
185. *Rel.*: Aphroditegeburt VII 46,
—: Barbar IV 265. —: Braut VII
55, —: Hetäre VII 51. — Elfen-
bein: Windgott u. Aura I 126. —,
Stuck.: Phaethon bei Helios X 67.
Sark.: Meleager u. Atalante III 97.
St., Basalt, παῖς πίκτης X 97, —
Marmor: Ariadne VIII 96, —: Jüngling VIII 289, Kolossal — IV 265,
—, *weibl.* mit Bemalung IV 288,
— *weibl.* VIII 335; —, Tuff: Her-
cules victor u. H. cubans VI 150;
— *Frgt.*: Pferde-Kopf VIII 324.
St.-Arm VI 101, *St.*, Kalkstein: Herakles III 96,; — Marmor: Abundantia (Fortuna?) VIII 288, —: Satyr
VII 110; Votiv —, *Br.*, IV 290.
Torso: Athlet IV 304. *c.* Varia: Al-
tar mit *Rel.* u. *Inschr.* IV 266. —
mit *Inschr.* VIII 293. Deckel *Br.* II
148. Gemme: Greif u. Hirsch IV 288.
Lampe, *Br.*, VI 112. Messergriff,
Knochen II 148. Mosaik VIII 293.

Roma des *Mos.* Colonna I 3. 8, 14
Taf. L Consulardiptychon VII 211.
— ? *rf. V.* VIII 345.

Rostra s. Rom.
Ruvo Funde VIII 332 f.

S

Salber s. Athlet.
Sangallo, Antonio da — Befesti-
gungsprojekt für Rom *153.*/IX 328 ff.
Sappho sog. —, Kopf *Mus.* Tor-
lonia I 113. *rf. V.* III 244 ff.
Sarkophage, *Tc.*, polychrom I
217 f. — mit verschiedenen Dar-
stellungen IV 75. — Cannes, Samm-
lung Courcel VIII 173. — Constan-
tinopel : trauernde Frauen IX 72.
— von Klazomenai III 163 f. —
Rom VI 136. VII 195. Vatikan:
Gigantomachie VIII 232. — von
Sidon VIII 98 ff. — Tarent V 71 f.
77 f. — von der via Appia III 96 f.
Christliche — Beziers III 93. Ra-
venna II 298. Rom II 151. Spanien
IV 77.
Särge aus Blei VI 233, Holz I 18.
II 256. Thon VII 174. 185, Tuff I
18. II 236 ff.
Satyr, Bronzeamphora II 273. —
Büste, Mus. Torlonia I 114. — Ciste
VII 223 f. — Friesplatte VI 236.
— Kopf auf Karneol VII 21. — *Rel.*,
Florenz I 163. *St.* Giardino Pallavicini V 66. 68. Replik des einschen-
kenden — VIII 96, des ausruhenden — VI 373, tanzender Faun,
Mus. Torlonia I 117. *Stt., Br.* Epidauros IV 170 f. Brunnen *St.* VI
110. *Sark.* VIII 173. — Stützfigur
eines Thymiaterions I 231. — *V.*
aus der Aeolis III 160. *sf. V.* II 258.
rf. V. VII 184 f. VIII 345, ballspielend IV 273 ff. — *W.* V 129.
Säule Mark Aurel — IX 78 f. Trajans — beschr. von Nik. Muffel III
275. Phocas — III 99. IV 242. VI
88 ff. Divus Pius — IV 42 ff. Columna Maenia VIII 84 f. — der Basilica Aemilia, mittelalterliche Ver-
wendung III 95. der Basilica,
Pompeji III 21. — des Magna Ma-
ter-Tempels, Palatin X 15. — *Frgte*
von einer Grabnische III 123 f. —
vom Hause der Eumachia, Pompeji.
Korinthisch VII 120. 123, — vom

templum Solis, Rom III 98. — mit
Greifen in *Rel.* VIII 329. —, Pom-
peji II 137. —, ionische V 190 ff.
—: Anthemion V 192. 195. —: Basis
V 187; — Bemalung V 195, —
Kapitell V 196, —: Schaft V 181.
—: Korinthische: Kapitelle VI 290.
292.
Sauroter I 23.
Schiff *Br.* I 243.
Schlangen, des Asklepios I 167 f.
— *Rel.*: Sinis Pityokamptes Villa
Albani I 248 ff. — des Ares: Deimos
u. Phobos, *Br Rel.* Perugia, IX
275 ff.
Schlüssel κλεῖς κατωμαδίη *rf. V.*
VIII 338.
Schola Xantha s. Rom.
Schulscene Parodie, *Tc. Rel.* V 3.
Schüreisen I 33.
Schwert I 137. 139. in Form eines
Handschars VI 361.
Sciarra, Palazzo s. Rom.
Selene auf Lampen IV 8. — *Sark.*
Cannes VIII 173. 182.
Seleukos Nikator *Prt.* IV 32 ff.
Selinus Metopen VI 362. VII 192 ff.
Befestigungen der Akropolis VII
186 ff. *Ausgrab.* X 83.
Sentinum Lage des antiken — VI
234 f.
Septizonien II 295.
Sibylle *Rel.*, Sorrent. Basis IX 240.
Sibyllina *IV 130* X 214.
Siebe unbekannten Gebrauchs I 160.
Siegelring I 230.
Sigle eingekratzt, *V.* II 267.
Sikanos Vasenmaler. Teller III 61.
Sikelische Gräber X 76.
Silberfunde I 130 f. 134. II 33.
268. IV 13., *Sp.* IX 41. Toilette-
gerät I 218 f. Silber vergoldet I 134,
Rel., Perugia IX 313 ff. — münzen
IV 25, f.. — Sesterz VI 287.
Silen *sf. V.* III 167. 176. *rf. V.* II
167 f. 191. V 323. 340. VII 181.
Gefässhenkel I 232. Deckelfigur II
271.

Silvanus *Rel.* Florenz I 160. *IV.*
II 120. Opfer für —, *Rel.*, Constantinbogen IV 322 f. Marmorherme,
Rom, VI 114. Trajanbogen, Benevent
VII 241.
Sima mit Löwenköpfen, *Tc.*, polychrom I 207 f.
Sinis Pity.kamptes *Rel.* I 248 ff.
Sirene *s.V.* VIII 346.
Situla *Br.* I 28.
Skarabaeen I 31 f. 86. 89. 129 f.
II 33 f. 154. 249 ff. VI 370. Onyx —
X 82.
Skelette Kupfer VI 236.
Sklaven der Kaiser an d. horrea I
68. Nomenclatur der servi publici
III 223. 312. *II'.* VIII 290 ff.
Skopas III 72 f. VI 241 ff. VIII 250
Anm. Herakles des S. u. Verwandtes
IV 189 ff.
Skulptur
a) Basalt. *St.*: Palatin, παῖς νύκτης
X 97.
b) Bronze. Statuen: Dionysos, Thermenmus. VI 238. Faustkämpfer,
Thermenmus. VI 238. Herakles VI
15. Jüngling. Pal. Sciarra II 90.
Mars, Todi IX 99. Zeus, St. Bernhard VI 196. Statuetten: Artemis,
arch., Thesprotien III 280. Krieger,
arch., Epidauros IV 167. Weibl.
arch., Epidauros IV 166. Hermes
Ruvo IV 311. Pompeji VIII 26. Kottabosfigur: Charon X 84. Kottabosfigur: Mäna-le I 235 240. Fischender Eros, Pompeji, V 280. Satyr,
Epidauros IV 170. spielender Knabe,
Rom VI 270 ff. Harpokrates, Pompeji II 119. Zeus, Pompeji II 119. V
254. Büsten: Athlet, München X
103. Bakchant, Pompeji V 139. Porträtköpfe: L. Cornelius Pusio, Rom
VII 197. Herrin der Herculanensischen Villa IX 117. Kaiser, Thermenmus. VI 238. Lysimachos von Thrakien, Herculaneum IX 103. Seleukos
Nikator, Herculaneum IV 32. Tiberius?, Thermenmus. VI 238. Votivstatuetten, Rom, IV 290. Votivhand,
Thermenmus. VI 238. Reliefs: —
etr. Spiegelkapsel: Eirene, Plutos u.
Dionysos V 92. —, euganeisches,
X 82.
c) Eisen. Relief eines Diskus: Gigantomachie VIII 226.
d) Elfenbein: 2 Büsten mit Helm I
213. *Rel.*: Windgott u. Aura I 126.
Stt.: Aphrodite, Pompeji V 280.

e) Glas. *Stt.*: Bes. Vetulonia, I 139.
Stt.: Isis. Vetulonia. I 138.
f) Kalkstein. Kopf: Göttin, *arch.* Syrakus VII 181. *Stt.*: Herakles III
96, ,. *Rel.*: Pan VI 364 f.
g) Marmor. Statuen: Amazone des
Phidias I 63 —. Petworth-House I
63. —., *arch.*, Villa Ludovisi IV 86.
Antiocheia des Eutychides VIII
189 ff. Aphrodite, Kolossal *St.* VII
76 ff. —, Cannes, VIII 181. —, Terracina VI 373. — von Melos IX 90. —
des Phidias VII 50 f. Apollon Thermenmus. VI 377. — — VI 304 ff.
VII 195. — von Belvedere IX 249 ff.
— des Phidias VI 378. —, sog. Musa
Barberini IX 242 ff. Ariadne, Rom,
VIII 93. sog. Aristoteles Spada V
12 ff. Artemis, Pompeji, *arch. polychr.* III 278. Artemis, Siena, VIII
346. Asklepios, Thermenmus. VII
195. —, Pincio IX 74 ff. Athena,
Mus. Torlonia, I 116. — Giardino
Pallavicini V 66. 68. — *arch.*, Thermenmus. VI 239. Athlet Florenz,
Uffizien VII 81. — Paris. Louvre
VII 87. — Mus. Torlonia I 114. —
Vatikan VII 92. Augustus Primaporta X 204. Diadumenos des Polyklet. Mus. Torlonia I 117. Dionysos, Thermenmus. VI 238. — Herculaneum, I 58. Faun, tanzend. Mus.
Torlonia I 117. Faustina, Cannes,
VIII 173. Kleine Gallierst., Pergamon, X 127. Grosse — Pergamon
X 128. Sterbender Gallier, Mus. Capitolino VIII 253. Helios des Lysippos II 163. Hera von Alkamenes
IV 65. Herakles Paris, Louvre IV
193. — Villa Martinori IV 196.
Herakles, sitz., Liverpool. IV 331 f.
— — Pal. Altemps IV 331 f. Hermaphrodit, Thermenmus. VI 238.
Hygieia (Giardino Pallavicini V 66.
68. Jüngling. Mus. Capitolino I 61.
— — Torlonia I 117. Phrygische
Jünglinge mit Fackel Rom, VIII
289. Karyatiden. — von der via Appia
IX 134. — Villa Albani IX 137. 139.
— Vatikan IX 138. — Brit. Mus.
IX 138. — Athen IX 149. Knabe
v. Subiaco, Thermenmus. VI 238.
Krieger, Delos X 127. — Mus. Torlonia I 116. Kybele, Formia, X 90.
Löwe, mittelalterl. IV 76 f. Marcellus, Enkel d. Augustus VI 310. Maussollos Brit. Mus. I 188. Meleager
Pal. Barberini IV 219. — Neapel IV

219. — Versailles IV 219. Milon von
Kroton, Mus Torlonia I 115 Mne-
mosyne, Vatikan VIII 64. Nereiden
III 69₁. Nike des Paionios IX 164.
Nymphe, Terracina VI 373. Octavia,
Pompeji, VII 169. Satyrn, Giard.
Pallavicini V 66. 68. Scylla? Mus.
Torlonia I 115. Tritonen, Vatikan
III 303. Weihgeschenk des Che-
ramyes IX 93. -- der Nikandra IX
93. Kolossalst., weibl., mit Inschr.
V 147. —. Verona VI 290. — Ther-
menmus. VIII 335. —, sitz., Verona
VI 290. weibl. mit Bemalung. Rom,
IV 278. Kolossal St. Rom IV 265.
Statuetten: Abundantia VIII 288.
Aphrodite VII 24. Artemis, arch.
III 277. —, Pompeji V 139. Athena
VIII 348 ff. Fortuna VIII 288 Hera-
kles, Athen IV 199. Hygieia IV 106.
Kind II 113. Kronos VII 167. Per-
gamon X 127. Satyr VI 110. Triton,
Mus. Torlonia I 116. weibl. V 229.
VIII 348. Gruppen: Aktaion, Mus.
Torlonia I 115. Apollon u. Knabe,
Giardino Pallavicini V 66 fl. Ama-
zone mit Kind VIII 251 ff. IX 246 ff.
Athamas u. Learchos, Neapel X
240 ff. Commodus mit Tritonen, Con-
servatorenpal. III 303 ff. — des Dia-
goras, Olympia X 117. Dioskur u.
Triton, Lokri Epizephyrii IV 343.
V 212. Dirke u. Stier, Rom, via
Margutta 54, VIII 246. Eirene des
Kephisodot unter falschem Namen,
Mus. Torlonia I 116. Hekateion Rom
IV 74. Hekateion Chariteu, Mus. Tor-
lonia I 115. Herakles u. Hydra, Mus.
Capitolino IX 334 ff. Knabe mit Gans,
Pompeji V 140. Löwe u. Wild, Mus.
Capitolino VI 6. Museu, Vatikan,
IX 69. Nicht antike Kopie der Lao-
koon - Gr., Reggio X 284 ff. Torsen:
Aphrodite? Vatikan III 69 ff. Apol-
lon, Pompeji II 138. Athlet, Rom,
VI 304. Eros? Thermenmus. VI 239.
Flussgott, Vatikan, VIII 188. sitz.
Frau, Thermenmus. VI 239. Jüng-
ling, Mus. des Orto X 90. — Mus.
Torlonia I 113. männl., Verona, VI
291. männl. arch. Mus. Torlonia I
120. Meleager Pal. Corsini IV 220.
Persephone? Lokri Epizephyrii V
207. 221. Köpfe: 1) unbenannte:
Jüngling, arch., Vatikan I 79. Ko-
lossalkopf, arch. Falerii II 24. —
— Mus. Torlonia I 120. weibl., arch.,

Mus. Chiaramonti I 200. — — Villa
Ludovisi I 125. Jüngling, Siena VIII
347 f. - Thermenmus. VI 304. —
Vatikan I 79. Kolossalkopf: Jüng-
ling Rom VII 195. — männl.. Rom,
VIII 324. — weibl., Rom, VIII, 324.
— weibl. Pompeji V 251. — Rom
VII 195. IX 162 — Thermenmus.
VII 337. VIII 96. —, Siena VIII
348. Athenatempel, Tegea IV 207.
Rom VIII 95. 2) benannte: Aktaion,
arch. Vatikan VI 153. Amazone.
Thermenmus. VIII 95. — Pal. Sciar-
ra I 63. Aphrodite. Villa Ludovisi,
VII 61 fl. Area, Thermenmus. VI
239. — Mus. Torlonia I 114. Athlet.
Syrakus VII 181. — Siena VIII 347.
Eros. Mus. Torlonia I 114 Gallier,
Vatikan X 126 ff. Hebe, Eleusis I
127. Helios, Rom II 159. Hera Far-
nese I 82. — von Girgenti I 123.
— Ludovisi X 189 ff. Herakles Villa
Albani IV 194. — Athen IV 198.
-- Studio Canova, IV 197. — Pal.
Corsini IV 195. — Florenz, Uffizien
IV 197. — Palermo IV 194. — Va-
tikan IV 194. — Venedig IV 196.
Kybele, Mus. Torlonia I 114. Me-
leager Villa Albani IV 222. —, falsch
aufgesetzt, Villa Ludovisi IV 221.
— Neapel IV 220. — Thermenmus.
IV 220. — Mus. Torlonia IV 222.
— Vatikan IV 221. Pan, Mus. Tor-
lonia I 114. Parthenos, Civitavec-
chia X 92. Satyr, Mus. Torlonia I
114. Silenmaske, Rom VIII 324.
Triton. Mus. Torlonia I 114. Zeus,
Villa Albani VIII 184. Zeus Ammon,
Syrakus VII 181. 3) Porträtköp-
fe: a) bekannter Personen: Agrippi-
na minor, Neapel, VI 156. VII 231.
— — Kopenhagen VII 234. Sog.
Alexanderkopf, Kapitol X 179 ff. Ar-
chidamos, Herculaneum, III 113.
Demetrios Poliorketes, Herculaneum
IV 37. Demosthenes, Mus. Torlonia
I 113. Domitian, Mus. Capitolino VI
14. Drusus maior, Rom, VI 287.
Euthydemos von Baktrien, Mus. Tor-
lonia IX 107 ff. Hesiodma, Siena VIII
347. Livia, Neapel VII 228 ff. —
Paris II 3 ff. Mithradates von Pon-
tus, Mus. Capitolino X 179. Platon,
Mus. Torlonia I 115. M'. Poblicius
Hilarus, Rom VI 110. Cn. Pompeius
Magnus. Paris I 37 ff. Ptolemaios
Soter, Paris, Louvre IV 34. Pyrrhos

von Epeiros, Herculaneum VI 279.
T. Quinctius Flamininus, Berlin, IX
112. Sappho, Mus. Torlonia I 113.
b) unbekannter Personen: Athlet,
Mus. Torlonia I 116. griech. Mus.
Torlonia I 114. 115. hellenist. Mus.
Torlonia I 113. Heraklestypus, Mus.
Torlonia I 115. röm. Matrone IX 332.
—, Mus. Torlonia I 114. —, Rom. IV,
185. Sog. Scipionen X 184 ff. Her-
men: Doppelherme: Albanersee u. See
von Nemi I 61. Hera, Nemi II 148,
Herakles Mus. Capitolino IV 190.
197. Conservatorenpal. IV 190. Silva-
nus, Rom, VI 114. Porträthermen:
Doppelherme: Plato u. Pythagoras,
Athen I 60. — Wagenlenker, Ther-
menmus. VI 238. Stelen: arch., Es-
quilin I 126. Charun I 183. etr. I 184
—: Lemnierinnen im Kampf mit
Thrakern I 183. ital. der Hr. Zeit
VI 361. Pfeilerkopf: Bacchant IX 42.
Reliefs: Anbetung der Könige II 298.
Aphroditegeburt VII 46. Apollon u.
Marsyas VI 373 ff. Asklepios u. Hy-
gieia IX 66 ff. 71. Augustus u. Fa-
milie VI 287,₂. Bacchusgeburt, X·
92. Barbar IV 265. Bes VII 180 f.
Braut VII 55 f. Erdgöttin, Thermen-
mus. VI 239. Gladiatorenkampf V
72. — an Säule: Greifen VIII 329.
Helios I 118. Hera IV 68. Herakles
u Hesperide I 119. IX 72. Herakles,
Theseus u. Peirithoos I 119. Hetäre
VII 51. ital. Hochzeit IV 39. Kot-
tabos I 242. Leichenzug V 72. Medea
VIII 180. Medusa Ludovisi VII 106.
Mithraskult III 315. Musen VIII 62.
Nymphen VIII 183. IX 71. Orpheus
u. Eurydike VIII 203 f. Palaestrasce-
ne, Lateran, X 120. Pan I 163. Phaethon bei Helios X 67. Philoktetes,
Mus. Torlonia VII 110. Satyrn, Florenz I 163. Schild des Achilleus
VI 183 ff. Schild der Parthenos VIII
231. Silvanus, Florenz I 160. Sinis,
Villa Albani I 248. Telephos, Villa
Borghese VI 177. Tempelgiebel VIII
335. Tod des Priamos u. Astyanax
III 103. Vestalinnenopfer, Palermo
IX 125. Villa Albani IX 124. Vestatempel VII 285. VIII 285. weibl.
Figur IV 29. Constantinbogen IV
320. Trajanbogen, Benevent VII 217.
alexandrin. IX 73. neu-attisch, Thermenmus. VI 239. mit Landschaft IX
70. in Villa Albani I 247 ff. Grab-

reliefs: att. VIII 181. griech. I 118.
kleinasiat. VIII 181. röm. VI 347.
VIII 174. vom Ilissos VI 243. eines
Tischlers VII 179. Sarkophagreliefs:
Alkestissage VIII 174 ff. Amazonen
IV 75 f. Athena u. Musen VIII 182.
Christusdarstellungen I 190 II 151 ff.
III 92. IV 77. Medeasage I 119.
Meleager u. Atalante III 97. Musen
VIII 182. trauernde Frauen IX 72.
Altäre mit Relief: IV 266 VIII 224.
Ara des Kleomenes VIII 201 f. —:
Hermes u. Minerva, Bologna X 93 f.
ara Pacis Augustae VI 315 ff. IX
171 ff. Fries der ara Pacis, Mars,
bonus Eventus X 138. Sorrentiner
Basis IV 307. IX 127. 238. X 2.
Fries archaist. VIII 335. Giebel,
Nervaforum: Athena u. Musen IV
88. Metope: Eos u. Kephalos VIII
193. —: Europa mit d. Stier VI
362. VII 193. —: Herakles u. d.
Stier VI 362. VII 193. — von Selinus VII 194. Fragmente: von St.
VI 291. Bakchos? VI 370. Panzer
St. VI 292. Arm VI 101. Baum-
stamm VI 291. Bein, 3 Stücke VI
290. Fuss II 115. VI 291. Knaben-
kopf, Rom VIII 95. Kopf - Frgt. VI
292. Löwenkopf V 283. Pferdekopf
VIII 324. Plinthe mit Fuss VI 292.
rechtes Bein VI 290. Rumpf VI 292.
Unterleib VI 291. Frgt. VI 290. Un-
terschenkel VI 291. Gruppenfrag-
mente: Attis V 140 ff. Kandia, Koraraub, Thermenmus. VI 240. Satyr u.
Knabe VIII 96. Relief-Frgte. Löwe
VIII 329. Mänade VIII 173. Pferd
VIII 329. Raub der Kora VI 240. Selene, Cannes VIII 173. 182. Rel.
Frgt. mit Inschr. VII 111. 2 Frgt.
eines Rel, Rom, Thermenmus. u.
Lateran X 246 ff. Architrav IV 265.
Fries-Frgte. VI 101. 290. 292. Parthenonfries Frgt. VIII 76. 98. Gebälkstück mit Rel. IV 265.
h) Schwarzer Stein: St. Schreiber,
ägyptisch, Benevent VIII 218. Stuck:
Rel.: Pegasus V 241. —: Phaethon
bei Helios X 67.
f) Travertin: Grab St.: Mann, Frau.
Torso III 135.
k) Tuff: St.: Hercules victor u. H.
cubans VI 150, Grab St.: Greis,
Mann, Jüngling, Frau III 131.
Skylla St. Mus. Torlonia I 115.
Skythen sf. V. II 186 f. 189 ff.

Sol s. Helios.
Soldatenlisten, röm. IX 231 f.
Sonnenscheiben mit Gesicht X 71
Sophoniba IV. II 137.
Sorrentiner Basis IV 307 ff. IX 127 ff 238 ff. X 7.
Spange silberne I 130.
Sphinx rf V. II 265.
Spiegel. Silber mit vergoldetem Rande I 219. —: Achilleus u. Aias brettspielend II 147. —: Dionysos II 157, —: Orestes u. Neoptolemos II 157. — Kapsel: Dionysos, Eirene u. Plutos, Rel. V 92. —: Helenas Rückkehr von Aphidna VI 369. - etr. Band V 113, 119. 111, besprochen X 74.
Spieltafeln, römische VI 208 ff.
Spinelli, bronzo s. Technisches.
Spoleto ant. Theater VI 235.
Stabiae, De Ruggiero, degli scavi di St. bespr. I 58.

Statue antiche von Ulisse Aldovrandi Abfassungszeit VI 250
Statuten de, corpus eborariorum V 287.
Steinbruchsmarken IV 275.
Steinmetzzeichen I 146. V 201. VII 301. Ueber antike — 45. Berl. Winckelm. Progr. bespr. IV 292 ff. pompejanische — X 47. 49.
Stesichoros' Kyknos IX 280 ff.
Stilo Funde VI 364.
Subiaco St. VI 238.
Suessula Necropolis II 235 ff.
Ser. Sulpicius Galba cos. a. 646 I 44. Grab des S. I 61, 71. Inschr. des Grabes I 62.
Superagius Röm. ant. Strassenname VI 113.
Sutri Ausgrab. VI 371.
Syrakus Funde VIII 332. Gräber X 193 u. Anm. 2. Nekropole del Fusco X 78. Thor VIII 331 f. unterirdische Cisternen X 198 ff.

T

Tacitos Ann. XV 46. VIII 219 f.
Tarent lex Julia municipalis X 302. Mosaik: Bacchus X 90. Grab VIII 334.
Technisches. Färbung der Buchstaben in Br. Inschr. X 302. Isolierschicht von Thon V 177, Manier der W. von Primaporta IX 52. Quaderverklammerung, V 179. Raspelung des Steins für Farbenauftrag X 139. Technik der W. des III. Stils V 235, —, besondere, des Vasenmalers Amasis III 233. Zusammensetzung des bronzo Spinelli II 253.
Tegea Köpfe vom Athenatempel IV 207 ff.
Tegulae mammatae II 133 f.
Telephos Rel. Villa Borghese VI 177 ff.
Tellus s. Ge.
Tempel, Alatri IV 143. VI 319. der Bona Dea, Aefulae VI 153. — der Faustina, Rom III 319. — des genius Vespasiani, Pompeji X 214 [VI 110]. — des Janus X 172 — des Jupiter Capitolinus III 150 ff. IV 249. — Lokri Epizephyrii: alter

— V 169 ff., jonischer — V 176 ff. Magna Mater —, Palatin X 3 ff. Mars —, am clivus X 24, s., des Poseidon, Tinos IX 94. der Tellus in carinis, Rel., ara Pacis IX 209 f. Venus —, Terracina X 86. Vesta —. Rom III 270. IV 245 ff VII 284 ff. VIII 285 f. IX 131, augeblich Palatin X 28. Victoria —, Palatin X 23.
Tempio —, Nuraghe X 77.
Museo delle Terme Diocleziane s. Rom, Thermenmuseum.
Terra s. Ge.
Terracina Rel.: Mithraskult III 135. Venus-Tempel X 86 ff.
Terracotta — Funde I 100. 108. 173. 175. III 135. 257. III 141. IV 104 ff. Anm. V 230 ff. VII 8. — Altar V 251. — Architekturteile: Friesplatte VI 236. Röhre, eingemauert I 152. Sima mit Löwenköpfen, polychr. I 207 f. Traufrinnenplatte VI 236. Ventilationsrohre I 211, in Gräbern III 139. Verkleidungsplatte VI 236. Zierleiste, Frgt., mit Tierprotome I 208. — Becher mit Rel. II 115. — Cassette, bemalt I 87.

— Fabrik, Capua VIII 333 f. — Kindersaugflasche IX 41. 48. — Köpfe: Helios II 161, Mänade VIII 27, Medusa II 257, *polychr.* Antefix I 157, VI 370. — Lampen IV 4 ff. Anm. — *Rel.*: Figuren II 255. — *Gr.* Liebende sich küssend X 84. — *Rel. arch.*, Göttin, VI 253 ff. Parodie einer Schulscene V 3. — Parthenonfries, Copie IX 94. — *Sark.*, *polychr.* I 217 f. — Schalen u. Teller mit Zeichnungen u. Inschr. II 151. *Stt.* II 135 f. — — *Stt.*, halbe Lebensgrösse: Artemis I 176, Athena I 177. VIII 27. Hirsch, Frgt. VI 261. — Schlangenkopf, *polychr.*, V 282. Wandverkleidung, Lokri V 175. — Weihgeschenke (Körperteile) VI 371.
Terramare von Castellazzo di Paroletta VIII 326. der Emilia VI 156. des Mantovano VI 156. — templum u. Orientation X 75.
Tessera *Br.* mit Silberbuchstaben, Chiusi I 125.
Thamyris u. Musen. rf. *V.* III 239. Sieg in Delphi III 252.
Theater Dene Vagienna X 85. Spoleto VI 235. Tauromenion III 234 ff. Verona X 85.
Theodoros Bildhauer VI 201.
Theokosmos Bildhauer X 116.
Thermen s. Bäder.
Thermenmusoum s. Rom.
Thermopolium Pompeji IX 48 f.
Theseus, u. Ariadne rf. *V.* VII 183. *IV.* IV 124 f. V 233 f. 277. — raubt Helena *IV.* VII 12. — im Meer, r.f.*V.* VIII 333. IX 229 f. — u. Minotauros *sf. V.* II 174. rf.*V.* VIII 334. X 83.
Thetis rf.*V.* II 242. *IV.* V 129.
Thronsessel aus Stein VII 35 ff.
Thüre zwischen fauces u. atrium. Pompeji I 149. Thürschluss, eigentümlicher, Pompeji III 195.

Thymiateria II 158. — mit Frauenfiguren als Trägern I 231.
Tiber — Höhenmessung VIII 320 f. Insula Tiberina I 167. Tibercippen IV 282 ff. VI 131 ff. VII 328. VIII 319 f. — Rel. u. Münzen I 168 ff.
Tiberius, ara Pacis VI 316. Münzen III 132. IV 4.
Tibicen im Hochzeitszug auf Cippus IV 97.
Tier, Bilder aus der — fabel, V 6 ff. — friese, *Br.*, Perugia IX 304 ff. Herkunft der — malerei, V 3 ff.
Tinos Poseidontempel IX 94.
Tintinnabuli s. Pferdeschmuck.
Tisch mit Löwenfüssen *Br.* I 27.
Toilettegerät I 218 f. XIII 337.
Tolfa, Funde I 159 ff.
Torlonia, Museo s. Rom.
Torsen s. Skulptur.
Totenspenden X 156.
Trajanssäule beschrieben von Nik. Muffel III 275. Traj. Siegesmonument Adamklissi VI 151 f. Trajanbogen Benevent VII 239 ff. Trajan auf Trajanbogen Benevent VII 242. 248. 251.
Treppe, in einer Festungsmauer, Alatri IV 142. —, Magna Mater-Tempel, Palatin X 12. —, teils Mauerwerk, teils Holz X 150. 154.
Triclinium gemauert X 147. — der casa del Fauno VII 28 ff.
Triopeion IX 142.
Triptolemos rf.*V.* I 224.
Triton Kopf Mus. Torlonia I 114. Figuren, Vatikan III 303 ff. Giebel *Gr.*, Lokri V 202. *Sark.* III 305. *Stt.*, Mus. Torlonia I 116.
Triumphzug Trajanbogen von Benevent VII 259 ff.
Tusculum Ausgrab. I 63 ff. lapis Tusculanus I 64. Mosaik: Palaestra X 121.

V

Vasari Antikenverzeichnis des Palazzo Pitti VI 81 Anm 1 f.
Vasen Allgemeines: Skythen u. Perser auf *altatt. V.* II 189. Zur Statistik der Vasenfunde in Italien I

85. — eingemauert X 155. — in Häusern II 136. IV 4. , 103 ff. V 140 f. 230. 257. 284. VII 18 f. VIII 6 ff. IX 11 ff. 48. — in jüdischen Katakomben I 52. Eine Klasse grie-

chisch. Vasen mit schwarzen Figuren II 171 ff. Typus Villanova I 158 f. etr. Imitation I 22. Sammlung Pascale VIII 337 f. Moderne — des Museo Torlonia I 118. — aus Corneto V 313 ff. VII 335 f., Grosseto III 157. Kreta IX 100, Megara Hyblaea VII 176. Ragusa VII 334, Villa Giulia VI 227 f. Schwarzfigurige — att. II 63. VIII 330. camp. VIII 330. ion. II 64. — in Bucciano VIII 335. — in Syrakus, Nachahmung korinth. Ware VIII 332. a campana I 24. etr. I 25. ital. II 30 Alabastra II 35. 155. korinth. I 85. II 155. Amphoren I 20 f. 86. II 172ff. 191 f. 258. 260 f. III 109. 175 ff. VII 184. 335. VIII 346 f. a col. VII 184, ital. VIII 337. Becher II 261. III 178. Hydrien III 108. 166 ff. 174. 176 f. VIII 338. 347. Oelkrüge (orcii) II 35. 258 ff. VIII 338. Bucch. VIII 337. camp. I 233. II 158. Kylix VII 178. Lekythen II 155 261 f. 265. III 105. VII 183 f. VIII 337 f. Oinochoen II 175 ff. 192. III 176. Salzgefäss II 155. Schalen I 20. 22. II 261. VIII 338. camp. II 158. 266. Schale des Archikles IV 161, d. Glaukytes IV 153, aus Kypros IV 159 Skyphos VII 334. Stamnos X 64.,. Teller II 155. Rotfigurige Vase III 104, VI 362, des Tleson IV 164, spät.-ital. VIII 345. nol. VIII 334. a colonnette VII 183. IX 229. Amphoren II 275. III 106. VII 178. 184. 240. 242 VIII 332. 345. ital. II 231 ff. nol. VIII 339. Aryballen VIII 340. 343. Becher II 223. ital. II 31. Hydrien II 263. III 239 ff. VIII 338. 340 ff. 345. Kalpis VI 362. Kantharos des Nikosthenes X 322 Krater I 224. VI 273. VII 178. 181. 133 f. 222. VIII 341, a col. VIII 70, nol. VIII 340. Krug II 31. Lekythen II 265. VII 182 ff. Oelkrüge II 265. VIII 343, ital. I 232. Patera, ital. I 232. Peliken VII 178. 183. Schalen V 340 att. mit Künstler- u. Lieblingsinschriften II 167 ff. des Duris V 331. 338. 343, d. Epiktetos II 167, d. Philtias II 169. Stamnos VIII 338 f. nol. 339 f. Tasse VIII 340. Teller des Sikanos III 61 ff., etr. I 332. Weiss auf s. Gr., ital. II 29. 31. Thonfarbe auf s. Gr., ital. II 31. Polychrome —, Amphora a colori

VIII 333. Lekythen II 262. VII 183. 184. VIII 341. Oinochoe VII 194. Weissgrundige: Lekythen VII 182. 184 f. mit Relief: Buccherovasen I 22. 92 f. 136. calener Schale X 210ff. Oelkrug I 216. — ohne Darstellungen: I 31. II 240. kyprischer Art VIII 337, ganz schwarz VIII 340 f. Amphoren I 93. VIII 337. ital. II 35 f. Buccherovasen I 22. 92 f. 216. VIII 337, - schale mit Inschr. II 61 f. Grabvasen I 34 f. ital. II 35. Guttus, ital. II 35 f. Kantharos ohne Fuss I 90. Oelkrüge I 22. VIII 337, camp. II 36. Patera mit fal. Inschr. I 196 f. Schalen I 93 ital. II 36. 155. Skyphos I 90. Tassen II 240. 243. Thongefäss, geometrisch, II 259. Topf I 259. Kopfvasen: des Charinos V 313 ff., d. Kaliades V 319. d. Prokles V 319. Frauenkopf II 259. Negerkopf II 265. Silenkopf II 266. Widderkopf VIII 340. Doppelkopf; Mann u. Frau II 240, Rhyton, aus 2 Köpfen bestehend, xnlcentiach.! I 232. Guttus in Wagenform I 36. Urne in Hüttenform VIII 327. Amphora, Henkel Widderkopf I 35. Töpfe mit Henkelfiguren I 35. 36.

Vasenscherben I 92. — mit Fabrikmarken VIII 293 f. — mit Inschr. VIII 294. sf. — aus Kyme, Aeolis III 158. rf. Frgt. VI 234.

Vatikan s. Rom.

Vecchiazzano Funde VIII 326.

Velletri Funde VIII 327.

Ventilation in pomp. Häusern I 211. II 130.

Venus s. Aphrodite.

Vergil. Aeneis VII 180. XII 198. X 175.

Verona Ausgrabungen VI 285 ff. Röm. Strasse VI 329 f. Skulpturstücke VI 290 ff. Tempel VIII 334. Theater X 85

Vesta Rel. IX 182. — Tempel, Rom III 270. IV 245 ff. VII 284 ff. VIII 285 f. IX 131. X 28

Vestalinnenopfer Rel. Palermo IX 125 ff. Villa Albani IX 127 ff. Sorrentiner Basis IX 127 ff. Kopftuch der — IX 130 f.

Vetulonia Ausgrab. I 129 ff. III 157. VI 229 f. Lage X 79,,. Pietrera — Tumulus X 79.

Villanova s. Vasen.

Villanovacultur X 77.

Virtus *Sark.* VIII 180.
Visentium I 18.
Vitruvius *V 1, 1 erl.* VIII 282.
V 10, 5 erl. X 214.
Völkernamen bei Vasenmalern III 66 ff.

Votivrelief — an Asklepios, cap Mus. IX 66 ff., Athen IX 71. — an Herakles, Venedig IX 70, Ithome IX 71. — an Nymphen, Cannes VIII 183. — an Pan u. Nymphen IX 71. — an Zeus, Achradina VII 179.

W

Wagen Ueberresto I 133. Sitz —, *Br.* IX 256 ff. Streit —, *Br.* IX 274 ff.
Wandmalereien in Gräbern: VI 111. 367. VII 194. 330. VIII 330. X 84. in Katakomben I 54 f. in Häusern: Boscoreale IX 352. Herculaneum, Basilica I 58. Pompeji, unbestimmten Stiles IV 6. 10. 18. 28 f. 124. V 5. 117 ff. 122. 127 ff. 131 ff. 237 ff. 244 f. (um 30 v. Chr.). VIII 38 ff. IX 51. 55. 59 ff. *1. Stiles*: I 147. 150 f. III 184. VIII 23 X 150. 152. *2. Stiles*: I 146. II 130. IV 117. V 231. 243. VIII 35. 49. X 147. 150. *3. Stiles*: I 142. 147. 155. III 193. IV 5. 106 ff. 114 ff. 117 f V 114. 231 ff. 239 ff. 252. 260 ff. 275 f. VII 5. VIII 9 ff. 37 ff. IX 40 ff. *4. Stiles*: II 114 ff. 121 ff. 127. 130. III 182 f. 186. 188. 190. 198 ff. 206 L IV 7 ff. 29 f. 117. V 114 f. 213. 270 ff VIII 12. 18 ff. 26 f. 33. 47, 51. IX 40. 53. 62. X 223. 226. Rom *etr.* VII 194 f.; christlich, 4. — 5. *Jahrh.*; Rom via d. Cerchi VIII 290; Esquilinische

Odysseebilder X 330; Opferscene, Garten der Farnesina III 292. Villa Pamfili V 158. VIII 105 ff. Botanik der Fresken in Villa Liviae V 78; Manier der *W.* von Primaporta IX 53; Nachahmung von opus sectile im L Stil VII 9.
Wandverkleidung, — Thon. Lokri V 175. wasserdichte — von Cisternen X 201 ff.
Wasserleitung, Cisternen für — Syrakus X 198 ff. — leitung, Rom II 143. IX 235. 289. — verbrauch, tägl. im alten Rom VIII 277. Bewässerungskanal I 142. Bleikessel für kaltes —, Bad, Boscoreale IX 354.
Weihgeschenke des Cheramyes, *St.* IX 93. der Nikandra, *St.* IX 93. — Thon (Körperteile) VI 371.
Wettläufer auf Zeichnung des Coburgensis u. Rel. V 150 ff. Taf. VII Abb.
Widderkopf Becher VIII 340.
Windgott *Rel.*, Elfenbein, I 126.
Wölfin mit Romulus u. Remus *Mos.* Colonna I 311 f.

Z

Zahnhalter Goldblech I 26.
Zeus — Kopf, Villa Albani VIII 184 ff. — Ammon, Syrakus VII 181. — auf Lampe IV 22, 1. V 236. *Rel.*, noch archaisch X 72; : — u. Giganten, *Br.* Perugia IX 267 f. Diskos VIII 228 ff.; Trajanbogen, Benevent VII 248. *St., Br.*, St. Bernhard VII 196. *St., Br.*, Pompeji II 119. V 254. — *r. f. V.* I 224. II 231 f. 240. Frau verfolgend VII 184, bei Io

VIII 338. — *W.* IX 55 f. Tempel: des Jupiter Capitolinus III 150. IV 249; auf dem Monte Giove III 8. Ziegel mit Darstell. I 52 IV 25. Anm. I 188. II 199. 276 ff. VI 115. 236. VII 306. VIII 276. 285. 818 Aum. 328. IX 233 f. des Pantheons VIII 311 ff. osk. IV 84.
Zollverwaltung in Illyrien VIII 192 ff.

II. EPIGRAPHISCHES REGISTER

1 a. IMPERATORES ET DOMUS EORUM.

Imperatores consules vide in indice consulum (infra p. 37).

Augustus.
imp. Cae[sar Divi f. II]I vir r. [p. c.]
  VI 123.
imp. Caesar Augustus VI 129. VIII
  298.
imperator Caesar Augustus p. p. IV
  248.
.... Augustus [... p]ontif. max. ...
  IV 289.
imp. Caes[ar] Divi f. August. pontif.
  maximus cos. XI tribunicia potest.
  XIIII (a. 744) IV 280.
imp. Caesar [Divi f. Augustus pont.
  max.] tribunic. po[test. ... imp. ...
  cos. ...] VI 136.
Scribonia.
Scr[ibonia] Caes[aris] VIII 325.
M. Agrippa.
M. Agr[ippa L. f.] VI 122.
Postumus Agrippa.
[M. Agri]ppa M. [f. Augu]sti n(epos)
  VII 327.
Tiberius.
[Ti.] C[a]e[sar divi] Augusti f. Augu-
  stus pontifex maximus [cos. V imp.
  VIII tr. p.] XXXVIII (a. 36/37) I 121.
Claudius.
[Ti.] Claudius Caes[ar] Aug. Ger[ma-
  ni]cus I 253 = VI 162.
Ti. Claudius Caesar Aug. Germanic[us]
  princeps ... IV 268.
Ti. Claudius C[aesar Aug. Germ[ani-
  cus] pontif. m[ax.] VI 115.
Nero.
Ner(o?) IV 120.
Nero cos. IX 56.
Vespasianus.
imp. C[aesar Vespasianus] Augu[stus
  pontifex maximus] trib. [pot. ... imp.
  .. p. p. cos. ...] III 90.
[imp. Caes. Vespasianus Aug. p.] m.
  tr. p. [IIII] imp. X p. p. cos III
  design. V censor (a. 73) IV 287.

Titus.
Divus Titus I 197.
Iulia Augusti f. VIII 325.
Domitianus.
in inscriptione Aegyptiaca VIII 212 f.
Traianus
[imp. Traianus Aug] Germ. Daci[cus]
  III 84.
[imp. Caesar Divi Nervae filius Nerva
  Traianus Aug. Germanicus p]onti[fex
  maximus trib. potest.] V cos. III
  p. [p.] (a. 101) VI 132.
M[oesiae] ultor [i]m[p. Caesa]r Divi
  Nerva[e f. Ne]rva [Tra]ianu[s Aug.
  Germ. Dacicu]s p[ont. max. trib.
  potes]t. XIII [imp. VI cos. V] p. p.
  (a. 109) VI 152.
Hadrianus.
imp. Caesar Hadrianus VII 300.
..... D]ivi Nerva[e n(epos) ... Hadrianus] Aug. ponti[fex maximus
  trib. po]t. XIIII cos. [III] (a. 130)
  IV 183.
Antoninus Pius.
A]ntoninus Pius .... I 107.
imp. Antoninus Aug. Pius V 300.
imp. Caesar T. Aelius Hadrianus Antoninus Aug. Pius pontif. maxim.
  trib. potest. VI cos. III p. p. imp. II
  (a. 143) V 69.
imp. Caes. Divi Hadriani f. Divi Tra-
  iani Parth(ici) n(epos) Divi Nervae
  pron(epos) T. Aelius Hadrianus Antoninus Aug. Pius p. m. tr. pot. XV
  imp. II cos. IV p. p. (a. 152) VI
  335 f.
[imp. Caesar T. Aelius Hadr]ianus
  An[toninus] Aug. potifex (sic)
  maximus trib. pot. XXIIII imp. II.
  cos. IIII p. p. (a. 161) VI 134.
M. Aurelius.
imp. M. Aurel. Antoninus Aug. Pius
  III 77.

Faustinae duae.
Divae Faustina mater et Pia II 205.
Commodus.
sacratissimus princeps Commodus Pius
Felix Aug. III 79.
Alexander.
[im]p. C[a]e[sar M.] Aurellius [Seve-
rus Ale]xan[d]er [Pius] Felix Au[g.
pont. m]ax. trib. pot cos. p. p. Divi
Septim[i Se]veri Pii [nepos] Divi An-
tonini [M]agni Pii [filius] V 303.
Mamaea.
d. n. Iulia Mamea VII 299.
Philippus pater.
Imp. M. Iulius Philippus Felix Aug.
pont. max. trib. pot. III cos. p. p.
(a. 246) II 14.

Philippus filius.
M. I[u]l[i]us [Phi]lippus nobilissimus
Caes. princeps iuventutis II 14.
Severa Philippi.
M. Otacilia Severa Aug. mater castro-
rum II 14.
Nigrinianus.
Divus Nigrinianus nepos Cari IV 249.
Valens
d. n. Valens victor II 142.
dominus noster Fl. Valens Max. vict. ac
triumf. semper Augustus VIII 320.
Honorius.
in carmine X 56.
Incerti.
[imper]ator A[ugustus] I 107.
... in]ric[tus ....imperat]or sem[per
Augustus] I 107.

1 b. REGES REGUMQUE CONIUGES ET FILII.

[r]ex Ariob[arzanes] II 59. 146. IV 253.
regina [Athenais] IV 253.
Iugurtha rex Numid(arum) V 309.
[rex Metradates Pilopator et Pil]adel-
pus regus M[etr]adati f. IV 252.

[Βασιλευς Μιθραδάτης Φιλ]οπάτωρ και
Φιλάδελφος [του βασιλέως Μιθραδά-
τ]ου IV 252.
Totil[as] IV 275 (incertum num rex).

2 a. NOMINA PRIVATORUM.

M. [sic] ACILIUS MEMMIUS GLABRIO
IV 284.
L. AELIUS VII 171.
L. Aelius .... VI 157.
Πούπλιος Αίλιος Είσίδωρος VII 305.
C. Aelius P. fil. Domitianus Gaurus
III 77.
Aelius Magnus V 141.
P. Aelius Severus VII 300.
T. Ael. Valentinus VII 300.
P. Aemilius Celer IV 119.
CN. PINARIUS AKMILIUS CICATRICULA
VI 332.
Aemilia Paulina Asiatice IV 276.
Q. Aeronius Antiochus I 198.
L. Albienus VII 172.
Albucius Celsus VIII 61.
Lucius Albucius Soratus VIII 56.
Alfia N. l. Servilia III 123.
D. Alfidius Hypsaeus VII 171.
M. Alleius Q. f. Minius V 279.
Alleia [Cn. M]ai f. VII 172.

Aninia Anthis I 198.
L. ANNEUS VII 20.
C. Annius Marulus VII 171.
Annia Agrippina III 77.
L. ANTISTIUS IV 124.
C. ANTISTIUS VETUS I 128.
Antistia Sp. f. III 7.
IULLUS ANTONIUS IV 280.
C. Antonius Rufus VIII 195.
M. Antonius Teres VII 284.
L. Ap Spur. f. Bassus VIII 164.
Apuleius III 125.
L. Apuleius Marcellus I 194.
Q. Arquinius VI 159.
P. Artorius Docilis V 90.
Asicius V 29. VII 23.
L. Asicius V 30.
Q. ASINIUS MARCELLUS I 128.
[ASINIUS POLLIO V]ERRUCOSUS VI 160.
Atilius V 27.
Attia Celerina VIII 288.
Attius Amplus IV 120.

L. Audienus L. l. Menophilus VIII 155.
Audiena L. l. Iucunda VIII 152.
P. Aufidius... I 197.
[L.] AUR. AVIANI'S SYMMACHUS VII 329.
L. AUR. AVIANIUS SYMMACUS VIII 320.
M. Aug. Χρύσιππος l 53.
T. Aur. Domitius VII 300.
Aur. Hermogenes IV 279.
Aur. Maximianus IV 279.
Aurelius Mucianus IV 277.
Aurelius Monatianus II 14.
Aurelius Niceta II 59.
L. Aurelius Aug(usti) lib. Pylades III 79.
Aurelia Aeliane II 59.
Ti. Babullius Latinus VII 196.
Bal(onius) V 29.
.. RIUS BELLICIUS VIII 299.
L. Betilienus L. f. Vaarus IV 148.
L. Brit. Eros IX 357.
Q. Brittius Balbus VIII 6.
[Q. Brut]tius Balbu(s). IV 121.
Salvios Burtios V(ibi) f. V 297.
Caecilius VIII 160.
Q. Caecilius Capitolini l. Eros IX 64.
Q. Caecilius Q f. Iunonius IX 64.
L. Caecilius Ph...m . VIII 156.
C. CAEDICIUS AGRIPPA IV 284.
C. Caelius Rufus VI 159.
A. CAEPIO CRISPINUS I 128.
[Ca]esius L. l. [Her]os VI 286.
L. Caesius L. l. Logus III 131.
C. Caesius Restitutus IV 17.
Caesia Helpis IV 104.
[C]aesia L. l. Orne VI 286.
Caes[i]a Paulina VI 112.
[T. C]alidius T. T. O. l. Primus VII 289.
Calidia Amanda VIII 153.
Calpurn. Vi... VIII 159.
Calpurnia VI 286.
Calt(ilia) VIII 223.
..Caltilius Calt(iliae) l. VIII 223.
Calvius Iuvena(lis) IV 26.
L. CANINIUS GALLUS IV 284.
A. Caninus Hilarus VIII 156.
Caprasia C. l. X 275.
Caprasia Capella X 275.
Marcus Carisius Muran[us] V 26.
..[Ca]rtilius C. f.... I 195.
Cassius VIII 23.
...Cedatius P. f. III 7 bis.
Ceioni
Καιώντος Κόμοδος VII 18.
GAIUS CAEIONIUS RUFIUS VOLUSIANUS II 143.

N. CESTIUS IV 121.
C. CINCIO(S) X 299.
CLAU[DIUS] IV 248.
P. CLAUDIO A[P. F.] IV 83.
Ti. Cl. Anti... IV 22.
Claudius Hilarianus VIII 181.
CLAUDIUS MAMERTINUS II 144.
L.] Claudius Procul[us IV 183.
Claudia Dociminae VIII 181.
Claudia Laudica Aug. lib. IX 65.
Clod .. V 28.
M. Clodius Fortuna[tus I 197.
P. Clodius P. l... IV 266.
Clodia I 145.
L. Clovatius L. l. Cratinus VIII 154.
C. Clavius C.... VI 159.
C. Clavius Maxumus VIII 163.
Cocceius VI 344.
SEX. COCCEIUS VERIANUS IV 182.
[Co]ellius Fronto VI 286.
M. Cordius .. VIII 161.
Cornelius Ago... V 246.
Cornelius L. f. Gemellus VI 346.
COSSUS (CORNELIUS) LENTULUS COSSI FIL. VIII 30.
Cornelius Phileros VIII 161.
L. CORNELIUS L. F. PUSIO VII 199.
M. Cornel. Sceipio VIII 157.
[L. CORNELIUS SULLA] FELIX IV 248.
Cornelius Zosimus IV 124.
Cornelia Primigenia X 157.
T. Crassellius V 31.
L. Crepereius Euhodus IV 288.
Crepereia Tryphaena IV 288.
C. Cuspius Euphiletus VIII 58.
Cuspius Musicus VIII 58.
Cu(spius) Similis VIII 58.
Q. Decius Q. l. Hilarus III 145.
Delia Q. l. Chia X 157.
A. DIDIUS GALLUS I 253.
A. DIDIUS [GALLUS] VI 162.
DILLIUS APONIANUS IV 287.
Domatia VIII 164.
L. Domitius Permissus VI 149-150.
GAIUS SALVIUS DOMITIUS RUFINUS III 97.
C. Eggius Marull[us] IV 268.
L. Eq[uitius] VI 151.
AFRICANUS FABIUS IV 280.
C. Fabius... I 195.
M. Fabius I 195.
M. Fabius M. l. ...tus VIII 151.
Q. Fabius VIII 297.
S(ex.) F[abius] VIII 297.
Q. FABIUS BALBUS IV 284.
A. Fabius Diogenes I 194.
PAULLUS FABIUS MAXI[MUS] III 8.

Paullus Fabius Persicus IV 268.
Sex. Fabius Secun[dus] V 243.
FALTONIUS PROBUS ALYPIUS VIII 319.
M. Fanius VIII 297.
C. Figilius C ... VI 159.
T. Flavius Crescens I 42.
Flavius Philippus IV 282.
[L. FLAVIUS SIL]VA VI 160.
FL. THEODORUS FILOXENUS SOTERICUS
   FILOXENUS VII 206.
Flavia P.[l. Am]oena VIII 150.
Flavia Epicha[ris] VIII 288.
M. Frontin[ius] Hilarus VIII 162.
L. FUFIDIUS POLIO I 199.
N. Fufidius Successus VII 17.
Fulvius III 91.
T. Fu[l]vius Magnianus V 112.
...Fulvius Cn. f. Maximus VI 160.
Fundilia M. l. Celido VIII 146f.
Fundilia C. f. Rufa IX 123.
[c.] FOURIO [c.] F. IV 83.
L. Gavius Iucundus IX 64.
Q. Gavius Salvius VIII 158.
A. Gellius Artemidorus VIII 156.
Geminius Eutyches II 205.
Geminius Festus IV 249.
C. Geminius C. f. Gemellus X 158.
T. Had(ius) Col(umbus) IV 16.
Helvius Zos(imus) IV 24-26.
Herennia M f. H[elv]i[d]i[a IV 183.
P. Herennius P. f. V 90.
N. Herennius Castus VII 17.
N. Herennius Veri l. Eumachus [Tu-
   scus] VII 172.
L. HOSTILIUS HA... III 96.
C. Hostius Agathemerus IV 28.
Iulius (Lulius ?) I 188.
Iulius II 14. VIII 59.
Iulius Flacci filius V 288.
c. IUL(IUS) III 91.
Iulius Aelianus V 288.
Iulius [A]nicetus IV 290.
C. Iulius Apollonius III 77.
T. Iul. Eutychianus VI 339.
TI. IULIUS FEROX VI 132-134.
Sex. Iulius Priscus VIII 323.
L. IULIUS ROMULUS VI 335.
Iulia Philo...te VIII 154.
M. Iunius M. f. Faustus I 197.
Iunius Hylas VIII 288.
M. IUNIUS METTIUS RUFUS I 42.
[ULPI]US IUNIUS VALENTINUS X 60.
L. Laturnius Gratus X 158.
Laturnia Ianuaria X 158.
Q. Lepidius Iduar[i]us I 52.
M. LIVIO M. F. II 149.
Livia Hemera IV 26.

M. Lollius Paulinus I 199.
Q. Lucanius Latinus VI 159.
Lu ceius IV 172.
T. Lucceius T. l. Alexan(der) VIII
   146 f.
C. Lucilius C... VI 159.
Lukilios Mpu(i)ps (in inscriptione hie-
   roglyphica) VIII 213.
M. Lucretius VII 172.
L. Lucretius L. l. Zethus VI 120.
Lulius (Iulius ?) I 188.
M. Lurius Germus VI 126.
L. Lusius Saturn[inus] III 142.
C. M[...ius] C. [l. Iu]stus IV 266.
C. Magius Celer III 143.
Cn. Maius VII 172.
Rusticus Malius V 27.
P. Mancius P. l. Diogenes III 133.
Mancia P. l. Doris III 133.
..Manius C. l. Iustus IV 266.
T. MANLIUS VALENS I 128.
Sex. MARCIUS PRISCUS VI 332.
C. Marcius C. l. Rufus VIII 157.
Marcia Anthis VII 161.
T. Marius Processus IV 271.
L. Melissaeus Castor X 158.
M ACILIUS MEMMIUS GLABRIO IV 284.
Meso(r) V 26.
L. MINIC. IV 172.
[L. MINI]C[I]US L. F. N[AT]ALIS III 84.
N. Popidius Minius VII 22.
C. Mom. IV 114.
L. Mom. IV 114.
Q. Monnius Rufus III 144.
Q. Mucius Sypo VIII 60.
L. Munatius IV 120.
L. Munatius Caeserninus III 144.
[L. MUNATIUS PLAN]CUS VI 159.
C. Mundicius Helpistus I 42.
N. Murtius VII 23.
C. Nasennius Marcellus I 199.
[L. NERATIUS MA]RCELLUS IV 183.
Q. Nolanus Primus IV 113.
Nonia C. f. IV 344.
L. Norbanus [Balbus] VI 159.
[C. NORBANUS FL]ACCUS VI 159.
C. NOVIUS PRISCUS VI 335.
N]amicius Urva(nus?) V 27.
P. Numis[ius] V 27.
L. Numisius Felicio VII 172.
Numisius Successus VIII 323.
C. Obellius Ru[fus] IV 268.
Ocios Surus VII 23.
M. Octavius M. l. Attalus IV 279.
Octavia M. l. Chrusis VIII 151.
M. Oculniu[s] V 29.
L. Otisius L. l. Stabilio VIII 148.

Q. Oscius VIII 23.
T. Pacciaecus T. l. Isargurus VIII 146 f. 152.
M. Papinius M. l. Antiochus VIII 151.
Passienus IV 288.
Pataleia Aucta VIII 163.
M. Petacius Communis IX 63.
M. Petacius M. l. Dasius IX 62.
M. Petacius M. f. [Maior?] IX 62.
M. Petacius M. f. Severus IX 62.
Petacia Montana IX 63.
Petacia Rufilla IX 64.
Petacia M. l. Vitalis IX 62. Petacia Vitalis IX 63.
Q. P(e)tronius O(c)tav(u)s V 32 VI 154.
Petronia Venusta V 282.
CN. PINARIUS AEMILIUS CICATRICULA VI 332.
Pinaria VIII 152.
[A.] Platorius Nepos Calpurnianus VI 134.
L. PLOTIUS IV 172.
L. Plotius C. f. Sabinus V 300.
M. Poblicius Hilarus V 110.
Pompe(ius) V 26.
Q. POMPONIUS MATERNUS I 42.
L. Pompusius Mettius VI 160.
C. Ponatius S(er.) f. II 62.
Pontia C. l. Thelete VIII 152.
L. Pontius Ni[grinus?] VI 159.
N. Popidius Minius VII 22.
L. Popillius L. l. Alexander VIII 146 f.
Popillia L. l. Anthis VIII 146 f.
C. Poppaeus Apollonius IV 105.
Poppaea Corinn(a) X 158.
M. Populicio(s) M. f. VIII 319.
PRA[STINA MESSALINUS] I 198.
Sex. Publicius Sex fil. Maior I 199.
Pumidius Paris V 28.
T. Quinctius Q. f. VIII 223.
T. QUINCTIUS T. F. [CRISPINUS] VIII 320.
T. Quinctius T. l. Hilarus VIII 149.
T. Quinctius A. l. Laelius VIII 149.
Sex Queintilius Varus VIII 157.
Quintilia Ro... VIII 158.
..Roscius ...manius IV 266.
[Rustice]lius C. l. Philomusus IV 344
A. R[u]stius IV 121.
Rustius Si.. VIII 56.
L. Saginius Prodam[us] V 236. 252. Salvius II 205.
GAIUS SALVIUS DOMITIUS RUFINUS III 97.
M. Samellius Modestus IV 119.
C. Satrinius Celer I 52.
L. SCRIBON(IUS) LIBO IV 268. VI 159.
SCRIBONIA VI 137.

L. SENTIUS VI 157.
CN. SENTIUS SATURNINUS VI 115.
L. Sentius Zeno V 108.
L. Sergius Paullus IV 268.
Servilius V 30.
M. SERVILIUS VII 171.
P. SERVILIUS III 91.
Q. SERVILIUS PUDENS I 199.
Q. Servilius Scaeda VIII 164.
Sextilius V 90.
L. Sextius Eros V 30.
Sextia Olympias VIII 288.
M. SILANUS M. F VI 159.
Silia C. l. Nice VIII 146 f.
L. Spurius Pilargyrus IX 63
P. Staberius P. l. Papia VIII 146 f.
Staberia P. l. Hilara VIII 146 f.
M. Stat. [F]loren(s) VIII 56.
Statilia Euhodia VI 112.
L. Statius Receptus IV 119.
Statius C. f. Saturninus VI 332.
P. Sulpicius P. l. Hospes VIII 155.
C. Sulpicius Rufus IV 113.
TITUS SULPICIUS SERANUS III 97.
Sutius Cicero VIII 59.
L. Tadius Fel[ix] I 197.
C. Tampius Sabeinus III 142.
Tattius Maximus VII 300.
C. Ter. V 236.
Q. Terentilius Q. f. Rufus VI 124.
M. Ter[e]ntius V 27.
M. Terentius Colonus V 27.
T. Terentius L. C. l. X 63.
A. Ter[e]ntius A. l. Aris[tius] I 195.
Titia C. l. Optata III 131.
Titia C. l. Vesbina III 131.
C. Torranius Philomusus VIII 160.
M. TREBELLIUS VII 20.
Trebellius Hilarus VIII 154.
Sex. Treblius V 29.
Q. Trebonius... VI 159.
Tr[e]ibonius IX 43.
L. Tulli[us L. f.] VIII 223.
M. Tullius M. f. V 279.
[Sp. Turranius L. f.] Proculus I 123.
Tutia C. l. Licentia IX 65.
Tuticanius Capito VI 335.
C. Val. IV 281.
M. Valerius Abinnericus VIII 25.
C. Valerius Annaei f. Das[i]us VI 335.
Valerius H(eliades) IV 108.
Valerius Heliades IV 123.
M. VALERIUS MESSALLA VI 159.
L. Valerius L. l. Pharnaces VIII 149.
Valeria Primitiva I 53.
V[a]rguntea .. VIII 162.
P. Vecilius... VIII 159.

Vedeius Cerdo VIII 161.
Veius Rufus VIII 61.
Velia VI 347.
V. Venuleius V 29.
L.. Venuleius L. 1. Rufio VIII 157.
Veratius VIII 60.
L. Vergin. VIII 13.
L. VERGINIUS VII 21.
Vetulenius Praenestinus II 144.
Veturius T. f. Flaccus VI 160.
C. Veturius C. f. Testius Amandus I
198.
C. Vibius Sex. f. Macer V 295.
Vibius Po[nsa] II 14.
[V]ibius Sabinus IV 279.
P. Vibius Pac(i) f. Siculus V 294.
Vibia IV 104. V 238.

Vibia D. l. Rufa VIII 162.
M. Vibrius Marcellus VII 199.
T. Vicirio[s]... VIII 152.
Q. Vinius Co... VIII 158.
Virius Lupus Iulianus VIII 303.
T. VITE[LLIUS] IV 108.
Vitell[ius] IV 120.
P. Vitellius An... III 143.
C. Ulius III 147.
M. Ulpius Apollonius Aug. l. VII 331.
Ulpi Balbini Sditis (gen). IV 173.
M. Ulpius Martialis VII 300.
[ULPI]US IUNIUS VALENTINUS X 62.
Ulpia On... I 54.
C. Ummidius Quadr[atus] VI 159.
L. VOLUSENUS CATULUS IV 284.

2 *b*. COGNOMINA PRIVATORUM.

Abascantus V 27.
Abinnericus |VIII 25].
Acemerus VIII 163.
Actius III 147.
Aeliane [II 59].
Aelianus [V 288].
AEMILIANUS VIII 288.
AFRICANUS [IV 280].
Africanus IV 24.
Agathemerus [IV 28].
Agilis III 148.
AGRIPPA III 146 [IV 284].
Agrippa VI 347.
Agrippina [III 77].
Albanus I 213. VI 159.
ALBINUS II 14. 205.
Alexander [VIII 146f.].
'Αλέξανδρος I 56.
Alypius [VIII 319].
Amanda [VIII 153].
Amandus [I 198]. [X 157].
Amaranthus V 28.
Ambriseus IV 105.
Amerinus III 148.
[Am]oena [VIII 150].
Ampliatus VIII 58. X 157.
Amplus [IX 120].
Anaristus I 212.
Andromeda V 140.
Anicetus [IV 290]. VIII 223. IX 56.
Anthis [I 198]. [VIII 146f.]. [161].
'Αντίνοος IV 265.
'Αντίοχος IV 22. VIII 61.
Antiochus [I 198]. [VIII 151].

'Απάρχα VIII 6. 60.
'Απολλωνίδης VII 20.
Apollonius [I 195]. [III 77]. [IV 105].
  [VII 331].
Aponiauus [IV 287]
Apronianus IV 260.
'Αράρη V 259.
'Αρίστιος I 145.
Aristus [I 195].
Armentarius signum VII 24.
Artemidorus [VIII 156].
Asellus VI 341. VII 312.
Asiatice [IV 276].
Atenais IX 56.
"Αταξα VIII 61.
'Αθηναίος Διονυσίου V 146.
Atin(e)tus VII 23.
Attalus [IV 279].
Atticilla I 54.
Aucta [VIII 163].
Auctus IV 122.
Auriolus V 28.
Balbinus [IV 173].
BALBUS [IV 284].
Balbus [IV 121]. [VIII 6].
Basilecus VI 219.
Basilius II 205.
BASSUS VIII 288.
Bassus VI 159. [VIII 164].
Bellicius [VIII 299].
Benebento I 188.
Βερόη VIII 57.
Βισος Σαρρα I 56.
Caecilian[us] I 52.

Caeserninus [III 144].
Callimorfus VI 347.
Calpurnianus [VI 134].
Capella [X 275].
Capito [VI 335].
Capitolinus [IX 64]-
C[a]rustius IV 122.
Castor [X 158].
Castus [VII 17].
Catillus VII 24.
CATULUS [IV 264].
Catulus VII 22.
Celadus V 29.
Celer [I 52]. [III 143]. [IV 119]. 120.
　　VI 159.
Celer IV 8.
Celerina [VIII 288].
Celido [VIII 146].
Celsus [VIII 61].
Cerdo [VIII 161].
Cerinthus V 29.
Charis [VIII 155].
Chia [X 157].
Chrestina VIII 288.
Chromius V 26. 27.
Χρύσιππος [I 53].
Chrusis [VIII 151].
Chrysopes II 205.
CICATRICULA [VI 332].
Cicero [VIII 59].
Cimo VIII 158.
Cissus IX 56.
Colonicus VIII 303.
Colonus [V 27].
Col(umbus) [IV 16].
Κόμοδος [VII 18].
Communis I 145. [IX 63].
Corinn(a) [X 158].
Coronice X 63.
Cratinus [VIII 154].
Crescens [I 42]. V 30.
CRISPINUS [I 128].
Crispus IV 268.
Critonica VII 153.
Crocine IV 123.
Crocus VIII 25.
Dama I 195.
Danaus V 27.
Dardanus V 27.
Dasius [VI 335] [IX 62].
Delius VIII 60.
Δημήτριος VI 346.
Diadumenus I 42.
Didumus V 246.
Diogenes [I 194]. [III 133].
Διονύσιος IV 124. V 146. IX 42.
Discus V 27.

Docilis [V 90].
Docimina [VIII 181].
Domitianus [III 77].
Domitius cogn [VII 300].
Δόμνα I 144.
Dorcadius VIII 288.
Doris [III 133].
Epaphra I 212.
Ἐπαφρόδιτος V 138.
Epicharis [VIII 288].
Eriste (Ariste?) V 31.
Ἑρμῆς I 157.
Eros [V 30]. 236. [IX 64]. [357].
Euche IX 43.
Euhodia [VI 112].
Euhodas [IV 288].
Eulymenus I 212.
Eumachus [VII 172].
Euphiletus [VIII 58].
Euphrata II 205 bis.
Euplus I 212.
Euscenius VIII 61.
Eusebius VI 219.
Eustochius II 143.
Eutyches [II 205 bis].
Eutychianus [VI 339].
Facetus V 26.
Fausta V 247. VIII 152.
Φαυστῖνος I 56.
Faustus [I 197]. IV 8. VIII 60.
Faustus, qui vocitatur Armentarius
　　VII 24.
Φηλικίων I 145.
Felicio [VII 172]. IX 64.
Felicula IX 63.
FELIX [IV 248].
Felix [I 197]. IV 24. VI 148. 209.
　　VIII 162.
Φῆλι(ξ) VIII 6.
Felix Cassii VII 23.
Ferox [VI 132]. [134].
Festus [IV 249].
Festa Apulei f. [III 125].
Filetus IV 288.
FILOIKNUS [VII 206].
Φιλόξενος VII 206. 209.
Firmilus VIII 56.
Firmus V 28.
FLACCUS VI 159.
Flaccus V 288. [VI 160].
Flora V 247.
Floren(s) [VIII 56].
Florus V 26.
Fortunata X 157.
Fortunatianus VIII 195.
Fortunatus [I 197] X 157.
Freques V 27.

Fronto [VI 286].
Frorus VII 23.
[Fuscus] [VII 172].
GALBA [I 62].
GALLUS [I 253]. [IV 284]. [VI 162].
Gallus VI 159.
Gaurus [III 77]. [IV 108].
Gemellus [VI 346]. [X 158].
Genesis V 31.
Germanus V 246.
Germus [VI 126].
Glabrio [IV 284].
GRATUS IV 279.
Gratus [X 158].
Gratus Caesar(is) l. VII 171.
Hegia X 158.
Helene VIII 59.
Heliades [IV 123].
Holic[e] X 158
Helpis [IV 104].
Helpistus [I 42].
Hemera [IV 26].
'Ηρακλείδας VII 335.
Herachinthus V 29.
Hermes VIII 195.
Hermes I 42.
Hermogenes [IV 279].
[Her]os [VI 286].
Hilara [VIII 146 f.].
Hilarianus [VIII 181].
Hilario IV 260.
Hilarus [III 145]. [V 110]. [VIII 149].
  [154]. [156]. [162]. IX 42.
Horu(s) I 212.
Hospes [VIII 155].
Yacinthus II 105.
Hylas [VIII 288].
Hypsa[e]us [VII 171].
Hypurgus II 205.
Ianuaria [X 158].
Ianuarius IV 122. V 280. X 158.
Iduar[i]us I 52.
Ingenuus V 27
Inginuus VIII 193.
Isargurus [VIII 146].
[I]sargyrus [VIII 147].
Εἰρήνη VI 346.
Εἰσίδοτος V 149.
Εἰσίδωρος [VII 305].
Ismarus IV 123.
Iocunda [VIII 152].
Iucundus IV 16. V 26. [IX 64].
'Ιουκοῦνδος Πρείμου VII 17. VIII 6.
Inlianus IV 122. [VIII 303].
IULLUS [IV 280].
Iunior I 107.
Iunonius [IX 64].

Iustus [IV 266].
Καλλίκαρπος V 252.
Κα[τ]ασείμητος IX 59.
Κλῆμις (= Clemens?) VII 18.
Κυπαρίνη V 259.
Labeo VI 159.
Lae[h]e V 285.
Laco VI 124.
Laelius [VIII 149].
LARGUS I 198.
Lascivos X 158.
Laterensis II 292.
Latinus V 259. [VI 159]. [VII 196].
Λατογένεια I 144.
Latona IX 46.
Λάτρις I 144.
Laudica [IX 65].
Laurus V 258.
Lenas V 246.
LENTULUS VI 115. VIII 30.
Liberalis IV 123. IX 56,
LIBO [VI 159].
[Libo] [IV 268].
Liccaius V 27.
Licentia [IX 65].
Logas V 258.
Logus [III 131].
Lupus VIII 303.
Macer [V 295].
Magnianus [V 112].
Magnus [V 141].
Ma]hes Mahei f. IV 252.
Maior I 42 [I 199].
Mamertinus [II 144].
MARCELLUS [I 128]. [IV 183].
Marcellus [I 194]. [199]. [VII 199].
Martialis [VII 300].
Marull[us] [IV 268].
Marulus [VII 171].
Μαρωνίς I 56.
MATERNUS [I 42].
Maximianus [IV 279].
MAXIMUS II 205. [III 8].
Maximus [VI 160]. [VII 300].
Maximus [VIII 162].
Megiste V 31.
Μελίδοτος I 212.
Menophilus [VIII 155].
Mes(o)[r] V 26.
MESSALLA [VI 159].
MESSALINUS [I 198]. VI 115.
† Micaurea VI 148.
Mimos VIII 58.
Minius [V 279] [VII 22].
Minus I 145.
Μίνος I 145.
Moderatus IV 172.

3

Modestus [IV 119].
Montana [IX 63].
Mopsus VII 22.
Mpupis [VIII 213].
Mucianus [IV 277].
Munatianus [II 14].
Murine VIII 58.
Muron VIII 158.
Murranus V 26.
Murtilus V 246.
Murtis VIII 152.
Musa VII 17.
Musicus III 147. V 139. [VIII 58].
Mussicus VIII 58.
Myste VIII 163.
[Narc]issus IX 43.
Nardus VIII 163.
Nasica V 246.
NATALIS [III 84].
Natalis V 246.
Nessos[ωρ] V 141.
Nextáquos I 53.
[Nemanes Nemanei f. = Nai[μ]áννς
    τοῦ Ναιμάνους IV 252.
Nepos IV 120 [VI 134].
Neptunalis V 236.
Nero IX 42.
Nice [VIII 146 f.].
Niceta [II 59].
Nexias IV 265.
Niger III 144. VI 159.
Ni[grinus?] [VI 159].
Novios II 228.
Numasios II 40.
Νυυφιδόρα VII 335.
O[c]tav[u]s [V 32]. [VI 154].
Ύdυσσ[ευς?] V 236.
Olympias [VIII 288].
Optata [III 131].
Ories X 158.
Orne [VI 286].
Pa[nsa] [II 14].
Papia [VIII 146 f.].
Paris III 146. [V 28].
Paulina [IV 276]. [VI 112].
Paulinus [I 199].
PAULLUS [III 8].
Pedros etr.-lat. II 283.
Pegasus VIII 288.
Perinissus [VI 149]. [150].
Pharnaces [VIII 149].
Φιλάμπελος IV 124.
Pilargyrus [IX 63].
Philemat[ion] VIII 161.
Phileros I 157 VIII [153 f.]. 160.
    [161].
Philippus [IV 282]. V 28.

Pilipus II 228.
Phil[o]m[e]la IX 43.
Philomasus [IV 344]. [VIII 160].
Philo...te... [VIII 154].
Philumene I 127.
Phoebus I 212.
Picentin[us] VI 159.
Pieris IV 105.
PISO VI 157.
[PLAN]cus [VI 159].
Plocamus X 159.
Πλοῦτος IV 124. IX 42.
POLLO [I 199]. [VI 160].
Po]lych[r]onius Aug. lib. VII 299.
POMPEIANUS I 197. IV 277.
Potitus IV 260.
Praeiectus VI 341. VII 312.
Praenestius [II 144].
PR(A)ESENS II 14.
Primigenia [X 157].
Primio V 27.
Primitiva [I 53].
Primus III 148 [IV 113]. [VII 289].
Πρεῖμος VII 17. VIII 6.
PRISCUS [VI 332]. [335].
Priscus IV 21. V 90. [VI 160]. [VIII
    323].
Probus V 257. [VIII 319].
Processus [IV 271].
Proculus [I 123]. V 28. [IV 183].
Prodamus [V 236. 252].
Ptolomaeus V 247.
PUDENS [I 199].
Pudens I 197.
Pudentianus II 205.
Pusio [VII 199].
Pylades [III 79].
Pyrrhicus III 147.
Quadratus [VI 159].
Quinta X 159.
Receptus I 213 [IV 119].
Redemt[u]s V 30.
REGULUS VII 21.
Regulus V 139.
Repentinus I 157.
Restitutus [IV 17]. VII 25.
Rhenus I 212.
Rodinus IX 56.
Romanus V 247.
ROMULUS [VI 335].
Rufa [VIII 162]. [IX 123].
Rufilla [IX 64].
Rufinus [III 97].
Ῥορφῖνος I 55.
Rufio IV 344. [VIII 157].
RUFUS [I 42].
Rufus [II 143]. [III 144]. [IV 113].

[IV 268]. [VI 124]. [159]. VIII 25.
[61]. [157]. [195].
'Ροῖφος V 138.
Rusticus [V 27].
Sabbatius VI 218.
Sabina II IX 56.
Sabinus IV 21. [279]. [V 300].
Sabeinus [III 142].
SACERDOS VII 300.
Sadaeus VI 217.
Salvius [IV 266]. [VIII 158].
Samus V 28.
Σαρρα I 56.
Saturnina V 280.
SATURNINUS [VI 115].
Saturninus [III 142] [VI 332].
Scaeda [VIII 164].
Scaeva VIII 150
Scaurus IV 21. IX 357.
Sceipio [VIII 157].
Scurra III 91.
Sdis (?) [IV 173].
Secunda VIII 162.
Secundus IV 122. [V 243]. VII 23.
Soranus [III 97].
Serapion V 246 f.
Servilla [III 123].
Severus V 32. VI 154. [VII 300].
[IX 62].
Sextillus IV 23.
Siculus [V 294].
[SIL]VA [VI 160].
Similis [VIII 58].
Sisenna V 28.
Sophron II 205.
Soratus [VIII 56].
Sotericus [VII 206].
Spatalus IV 124.
Σπόρος IV 122.
Stabilio [VIII 148].
Stallianus V 139.
Straton V 247.
Strobilus IV 13.
Suavis VII 17.
Successus IV 122. [VII 17]. VIII 58.
[323]. IX 48.
Surus [VII 23]. VIII 59.
Symmachus [VII 329].

Symmacus [VIII 320].
Σύμμαχος V 141.
Sypo [VIII 60].
Τείμαρχος V 252.
Teres [VII 281].
TERTYLLUS VII 300.
Tettianus V 28.
Τεύπων VII 20. VIII 6. 60.
Thelete [VIII 152].
Theodorus [VII 206].
Θεόφιλος VIII 58.
Thespis IX 123.
Τιγραν V 284.
Timesitheus V 91.
Topyrus Plocami X 159.
Tryphaena [IV 288].
Tyrannus V 258.
Ursilla X 159.
Urva[nus ?] V [27].
VALENS I 128.
Valens V 228. VI 159.
Valentinus [VII 300] [X 60]. [X 62].
Varus [VIII 157].
Vaarus [VI 148].
Veia III 126.
Velos II 286.
Venusta [V 282].
Venustus X 159.
Verianus [IV 182].
VERUCOSSUS [VI 160].
Verus VII 172. VIII 60.
Vesbina [III 131].
Vestitus IV 122.
VETUS [I 128].
Victorina VI 148.
Victoriu(s) IX 8.
Vindicianus VI 129 VII 312.
Vitalio V 139.
Vitalis IV 16. [IX 62 f.].
Vital[is] IV 24.
Vitina IV 122.
Volusianus [II 144].
Xantias VIII 162.
Ξῆνις VI 346.
Zeno [V 108].
Zethus [VI 129].
Zos .... [IV 24. 26].
Zosimus [IV 124].

3. NOTABILIA.

ACCLAMATIONES
eme habebis; eme et habebis V 40.
equa siqnei aberavit cum semuncia honerata III 145.
.... et Iucundus Amaranthum ess(e-darium) tremaut V 28.
fossor vide ne fodias, deus magnus uclu(in h'abet, vide et tu filio(s h)abes II 59.
fur cave malum V 40.
fures foras, frugi intro V 258.
invidiose qui deles, aegrotes IV 119.
Regulu feliciter quis verpa est V 139.
Suti Cicero vap(u)labis VIII 59.
tace, noli perierare, ego te vidi aliam saviare V 285.
tu mortus es; tu nugas es V 247.
χαῖρε καὶ πίνε σύ I 20.
χαιρέτω καὶ τὰ ἀγαθὰ τοῖς εὐφημοῦσιν αὐτὸν ἀναδιδότω I 53.

APPARITORES ET OFFICIALES AUGUSTI ET PUBLICI
accens(us) velat(us) III 77.
agens pro comm(entariense) summ(a-rum) privatae VI 339.
decurialis aedilicius, — tribunicius III 77.
officialis praefecti annonis VI 341.
scriba
    scr. aedilium curulium III 77.
    scr. librarius quaestorius trium decuriarum III 77.
    scr. quaestorii: sex primi curatores VI 159, 161.

AB ARTIFICIBUS PICTURIS STATUIS VARIIS INSCRIPTA
Ἀθηναῖος Διονυσίου Πάριος ἐποίει V 146.
Ἀρχι]κλῆς ἐποίησεν IV 161.
Ἅλιμος VII 222.
Ἀπίοχος I 21.
Ἀρχίδαμος III 115.
ἀσπὶς Ἀχιλλῆος Θεοδώρ[ηος καθ''Ομηρον VI 185.
Canumede II 232.
Γλαυκύτης ἐποίησεν IV 154.
Crise VII 336.
Cupi[d]o II 232.
Die]spater II 232.

Δόρις ἔγραψεν V 333.
Εἰσίδοτος Ἀθηναῖος ἐποίει V 149.
Ἐπ]ίδρομος καλός II 167.
Ἐπίκτητος ἔγραψεν II 167.
Ἑρμογένης ἐποίησεν I 22.
Ἡέμιλλος VII 184.
Ἱππόκριτος κάλλιστος IV 154.
Κηφισόφων Παιανιεὺς IV 69.
Κλεοφράδης ἐποίησεν Ἀμάσιος ὑὺς III 232.
Κόμαρις VII 222.
Κόσνος VIII 336.
Λέαγρος καλός II 167.
Λειόεις VII 184.
Ληρικός I 21.
Λίας I 20.
Lumithe VII 336.
Λύσις II 170.
Μεκίστε καλέ VIII 336.
Μελοσα VII 183.
Menerfa (Menrfa) VII 336.
Mienerva II 232.
Mente VII 336.
Νικοσθένης ἐποίεσεν V 322.
Homerus VIII 19.
Παναίτιος κάλος II 167 f.
Πηλε(ύς) X 82.
Plato VIII 19.
Ποντία VII 222.
Πραξιτέλης ἐποίει VI 291.
Πυθακλῆς Ἠλείος πένταθλος [Πο]λυκλείτου [Ἀργε]ίου VI 305.
Σάων VII 184.
Sime VII 336.
Thalna VII 336.
Τλήσον ἐποίησεν ho Νεάρχου IV 164.
Θεσευ[ς] VII 183.
Πυθρίστας ἐποίησε IV 168.
Utuze VII 336.
ΦΙΙ////// ΛΣ ἔγραψεν II 169.
Χαίρια; καλός II 169.
Χαιρέστρατος καλός II, 168.
Χαρίνος ἐποίεσεν V 313.

CARMINA
... ἀνέθηκε Δὶ Κρονίωνι IV 171.
arma virumque cano IV 120.
arnipotens Libycam defendit Honorius X 56.
ἀσπὶς Ἀχιλλῆος Θεοδώρηος VI 185.
aureus est Danae IV 122.

barbara barbaribus barbabant VII 23.
conticuere omnes VIII 57. 60.
esuriet Danae VIII 59.
Hic iacet Callimorfus fato depressus
    iniquo VI 347.
non ego socia IX 46.
o utinam liceat IV 122.
quisquis amat valeat V 246.
quisquis amat veniat, Veneri VIII 59.
quisquis in alterius fortunis X 222.
quoniam fuit voluntas animi VII 24.
quos ego — sed V 31.
Sabinus praetor, magna res formis, pe-
    rit V 302.
σύνꓷιος ꓷ σꓷ σοι I 53.
[Terminus hic custos man]eo V 298 f.
τουτι το δωρον τꜙ σωφꜙ γερουσιꜙ VII
    206.
ut rosa amoena homini est VIII 150.

COLLEGIA
collegium magnum arcarum divarum
    Faustinarum matris et Piae (Romae):
    quinquennalis II 205.
collegium eborariorum et citriariorum
    (Romae): curatores, ordo, quinquen-
    nalis V 288.
corpus splendidissimum codicariorum
    (Ostiae): ordo I 198.
corpora V lenuncolariorum Ostiensium:
    patronus et defensor I 198.
corpus mensorum frumentariorum adiu-
    torum Ostiensium I 198.
universi navigarii corporum quinque
    (Ostiae) I 197.
corpus curatorum navium marinarum
    (Ostiae): patronus I 197.
operari Galbeses horrearii cohortis se-
    cundae I 42.

DII DEAEQUE
Castor, Pollux VI 216.
di genitores V 300.
di parentes VI 286.
Dea Dia: dea]m ung[uentaverunt (Ar-
    vales) II 141.
Hercules domus Augusti I 42.
Isis Κυρία VIII 57.
Iuppiter: .ίι Κρονίωνι IV 171. ˙
Mater Deum Magna Idaea X 4.
Minerva: Ἀργιμάχος X 237.
I(nvictus) M(ithras) VIII 195.
numen Augusti III 145.
Roma I 197.
Salus IV 121.
Sol Augustus VIII 194.

Venus I 194. IV 16. 123. VII 172.
Victoria II 14.

HONORES PUBLICI POPULI ROMANI
aediles
    aidil[es] IV 83.
    aedilis cur. V 300.
    aidile pleb. X 299.
com(es) domest(icorum) VII 206.
consules
a. u. c.
616   Ser. Sulpicius Ser. f. Galba I 62.
706   { C. Iul. } III 91.
       { P. Ser. }
731   { [Cn. Pis]o } VI 157.
       { L. Sentius }
743   Paullus Fabius Maxi[mus] III 8.
751   { M. Messalla Messalinus } VI 115.
       { L. Lentulus }
post Chr.
2   { M. Servilius } VII 171.
     { L. Aelius }
13   { [C. Silius Largus] } VI 159.
     { [L. Munatius Plan]cus }
15   { [Drusus Caesar] } VI 159.
     { [C. Norbanus Fl]accus }
16   { [Sisenna Statilius Tau-rus] } VI 159.
     { [L. Scrib]on(ius) Libo }
18   { Ti. Caesar Au[g. III } VI 159.
     { (Germanicus Caesar II] }
20   { M. Valerius Messal[la] } VI 159.
     { [M. Aurelius Cotta] }
41   Cn. Sentius Saturninus VI 115.
43 (47?) { Ti. Claudius Cai[sa]r } IV 108.
         { L. Vit[ellius] }
55   { N. Cestius } IV 124.
     { L. Antistius }
56   { L. Anneus } VII 20.
     { M. Trebellius }
60   { Nero Caesar Augustus } VIII 30.
     { Cossus Lentulus Cos-si fil. }
63   { L. Verginius } VII 21.
     { C. Regulus }
a. 54-68 Nero IX 56.
78   Κωμώτιος Κόμοδος VII 18.
79   { Sex. Marcius Priscus } VI 332.
     { Cn. Pinarius Aemilius }
     { Cicatricula }
80   [T. Caes. Divi Vespasia]ni f.
         Aug. VIII. VI 160.
81   { L. Flavius Sil]va } VI 160.
     { [Asinius Pollio Ve]r-rucosus }
88   { L. Minicius } IV 172.
     { L. Plotius }

96 { T. Manlius Valens / C. Antistius Vetus / suffecti / Q. Asinius Marcellus / A. Caepio Crispinus } I 128.

123 { Paetinus / Apronianus } VIII 260.

130 [Imp. Caes. d]ivi Nerva[e nepos ... Hadrian]us Aug. IV 183.

147 { [Annius Largus] / Pra[stina Messalinus] } I 198.

152 { C. Novius Priscus / L. Iulius Romulus } VI 335.

166 { Q. Servilius Pudens / L. Fufidius Polio } I 199.

173 { Severus (II) / Pompeianus II } I 197.

227 { Albinus et / Maximus } II 205.

241 { imp. G[or]dianus / Aug. II / Pompeianus } IV 277.

246 { Praesens / Albinus } II 14.

525 Fl. Theodorus Philoxenus VII 206.

anno incerto
{ M. Iunius Rufus / Q. Pompeianus Maternus } I 42.
consul apsens creatus V 309.
ὕπατος ὑπάρχων = consul ordinarius VII 206.
consularis aquar[um II 143.
curator alvei Tiberis et riparum III 84.
decemvir stlitibus iudicandis V 300.
eques Romanus I 198. V 300. VIII 303.
eluo publico ornatus III 77.
— exornatus I 199.
iudex iterum sacrarum cognitionum II 143.
legati
legatus Ti. Claudi Caes[aris] Aug. [Germani]ci : A. Didius Gallus I 253.
legatus prov. Lyciae Pamphyliae : L. Virius Lupus Iulianus VIII 303.
[leg. pr. pr. provi]nc Af[ricae]: L. Minicius Natalis III 84.
[legatus Augusti pr. pr. Moe]siae: A. Didius Gallus I 253. VI 162.
[leg. Aug. pr]o pr. leg. [III Aug.] L. Minicius Natalis III 84.
praefecti
praef[ecti] aer[arii] Sat[urni] VI 160.
praefectus annon[e]s VI 341.

praefect[us curatorum ripae Tiberis] I 121.
praefectus praetorio II 143. V 91. VII 312.
ex praefecto praetorio II 143.
praeffectus) veh(iculorum) VIII 195.
praef[ectus] vigilum) VI 124.
praefectus urbi II 143. X 60 ; urbis VII 278.
ex praefectis urbi VII 329.
praetor III 84. V 300. VI 159. VII 199. VIII 303.
proconsules
proc. p. Af(ricae) Sex. Cocceius Verianus IV 182.
proco[s ...]e et Sicilia[e] A. Didius Gallus VI 162 [I 253].
quaestor II 292. VII 199.
quaestor Augusti I 198.
[quaestor impe]ratoris VI 162.
q[uaest]or provinc[iae] III 84.
quattuorvir viarum curandarum III 84. VII 199.
sevir equitum Romanor(um) VIII 303.
tribunus plebi III 142. VII 199.
triumvir capitalis VIII 303.

HONORES MUNICIPALES
aedilis IV 119 (Pompeii); II 292 (Praeneste); VI 346 (Velia).
curatores aedium sacrarum II 292 (Praeneste).
decurio I 199 (Ostia).
decurio adlectus I 197 (Ostia).
decurionum decretum I 197. 198 (Ostia); V 279. VII 172 (Pompeii); III 77. 79 (Puteoli); ornamenta decurionalia III 75 (Puteoli).
duovir I 197 (Ostia); II 292 (Praeneste).
quinquennalis III 144 (Nuceria); I 199 (Ostia).
iure dicundo IV 119. V 279 (Pompei).
d. v. v. a. s. p. p. VII 171. 172 (Pompei).
ornamenta duumviralia III 79 (Puteoli).
gymnasiarchus VI 346 (Velia).
ordo (municipii incerti) VI 340.
patronus coloniae (Hadriae Piceni) III 8.
praetor II 149 (Nemus Dianae).
quaestor IX 61 (Pompeii); II 292 (Praeneste); VI 346 (Velia).
quaestor aerarii I 197 (Ostia).
quattuorvir iure dicundo VI 346 (Velia).

quinquennalis iure dicundo III 144
(Nuceria).
q. q. ordinis sevir. Aug. I 198 (Ostia).

LUDI
cur(ator) mun(eris) glad(iatori) tridui
III 77.
dominus scaenicorum III 147.
scaenae dominus III 147.
unio scaenae III 147.
essedarii V 28 f.
hieronica coronatus IIII. III 79.
munus gladiatorium III 79.
murmillones V 29.
pantomimus temporis sui primus III 79.
parasiti Apollinis III 79.
quadrigae bigae desultores II 41.
retiarius V 30.
threces V 29.
venatio III 144.
venatio passiva III 79.

MILITARIA
legiones
I Minervia p(ia) f(idelis): tribunus
laticlavius V 300.
IIII F(lavia) in tegula IX 233.
XII ful(minata) certa constans: tribunus III 77.
XIII G(emina) in tegula IX 235.
XIIII Gemina: tribunus militum VII
199.
XVI: legatus Augusti VII 199.
classis praetoria (pia vindex Filip-
porum II 14) Ravennas
praefectus VI 335. 336.
optio II 14.
tesserarius II 14.
sig(nifer?) II 14.
arm(orum) c(ustos?) II 14.
ex armorum custode VI 335.
ex gregale VI 336.
cohortes praetoriae
II: miles missus honesta missione
VI 332.
VI p(ia) v(index) Philippiana: evo-
catus II 14.
VII: V 31.
VIII: V 31.
X p(ia) v(index) Gordiana: miles
IV 277.
cohors XIIII urbana: signifer V 90.
miles V 90.
cohors III Aug(usta) Cyrenaica: praefectus III 77.
munera militaria (omissis supra no-
minatis)

agens ad latrunculum II 14.
centurio VI 347.
legatus Aug. leg.... III 84.
ex magistro m(ilitum) per Thracia(m)
VII 206.
praefectus equitatus I 253. VI 163.
praefectus fabrum III 77.
p(rimi)p(ilaris) III 142.
ornamenta triumphalia I 253. VI 163.
navalia (triumphus) V 306.
hastis pur[is] donatus III 84.
dona militaria non verbis sed si-
guis sculptis expressi V 297.
στρατευσάμενος ἀπὸ τάξεων καὶ καλῶς
ἀποθανών I 55.

OFFICIA PRIVATA
calcaria X 158.
colonus hortorum olitoriorum II 205.
[horre]arius I 127.
marmorarius subaedanus VIII 149.
mensor III 148.
vilicus VIII 195.

PROVINCIAE CIVITATES OPPIDA
Afrae naves I 197.
Aquincensis statio (vectigalis Illyrici)
VIII 193.
Ardeates X 65.
Atellan[i] I 254.
Caleni I 254.
Campan[i] I 254.
Karalitani IV 183.
[C]lunia VI 332.
Cumae: nun(dinum) Cumis VIII 30.
Cumani I 254.
Dalmatia VI 336.
Formiae V 300.
Illyria
vectigal Illyricum VIII 193.
Inlyricum II 144.
Italia II 143.
Laurentum I 121.
Lucania VI 347.
Lycia Pamphylia: legatus provinciae
VIII 303.
Moesia: leg. pr. pr. I 253. VI 163.
Moesiae ultor VI 152.
Neapolis: colonia Aurelia Aug. Antoni-
niana felix N. V 303.
Nemus Dianae: praitor II 149.
No[l]a III 144.
Nolani I 254.
Nuceria V 26. Constan(tia) Nuceria
III 145.
duovir quinquennalis III 144.

quinq(uennalis) i(ure) d(icundo) III 144.

Ostia

decurio .. I 199.
decurio adlectus I 197.
d(ecurionum) d(ecretum) I 197. 198.
duumvir I 197.
II viri q. q. I 199.
q(uaestor) aerarii I 197.
flamen Romae et Augusti I 197.
flamen Divi Titi I 197.
sevir Augustalis I 198.
q. q. ordinis sevir. Aug. I 198.
corpus splendidissimum codicariorum I 198.
patronus et defensor V corporum lenuncularioruni Ostiensium I 198.
quinquennalis corporis mensorum frumentariorum adiutorum I 198.
patronus corpor(is) curatorum navium marinarum I 197.
universi navigarii corp. quinque I 198.

Pamphylia VII 303.

Pompei III 145.
nundinum Pompeis VIII 30.
aedilis IV 119.
decurionum decretum V 279. VII 172.
duumvir iure dicundo IV 119. V 279.
d. v. v. a. s. p. p. VII 171. 172.
quaestor in inscr. Osca IX 61.
Augustalis X 158.
flamen Augustalis III 145.
pagus Felix suburbanus: magister IV 344.

Praeueste
aediles II 292.
duumviri II 292.
quaestores II 292 siquidem pertinent ad magistratus municipales.
curator aedium sacrarum II 292.

Puteoli
curator muneris gladiatorii tridui III 77.
decurionum decretum III 77. 79.
ornamenta decurionalia et duumviralia III 79.
adlectus in ordinem d. d. reinissis omnibus muneribus III 77.
augur III 79.

Ravenna v. classis.

Roma
Roma capus mundi IX 92.
civitas Romana et conubium datur veteranis VI 335.
pleps urbana XXXV tribuum III 90.

senatus: ex s(enatus) c(onsulto) V 244.
senatus populusq[ue R. IX 92.
γερουσία VII 206.
senatus (Romanus an municipalis?) VI 339.
ad Florae ad tonsores VI 341.
ad Minervam VI 335.
castellum aquae Claudiae II 143.
horrea Peduceiana? I 127.
horti Cocceiani VI 344.
horti olitorii, qui sunt via Ostiensi II 205.
horti Titiani VI 344.
foras muru(m) exivi VI 341.
portus Neapolitanus I 188.
regio pr[ima] II 143.
Subura: ἄρχων Σ[ουρο]κρησίων I 56.
templum Divi Augusti VI 335.
viae suburbanae: via Campana VI 344. v. Ostiensis II 205. v. Tiburtina VI 112.

Sardae naves I 197.
Sarnus: pons Sarni III 145.
Scirto ex Dalmatia VI 335.
Scolacium: colonia Minervia Nervia Aug(usta) V 69.
Sicilia [legatus] I 253. VI 163.
[S]inues[sani] I 254.
Stobi V 90.
Suessulani I 254.
Thracia VII 206.
Trumplini: domo Trumplia II 152.
Tusci V 312.
Velia
IIII vir iure dicundo bis VI 346.
[aed](ilis) bis VI 346.
gymnasiarchus ter VI 346.
quaestor VI 346.

SACERDOTIA
sacerdotes publici
fratres Arvales
actorum fragmentum (actatis fere Gordianae) II 141.
magister fratrum Arvalium II 141.
calator Marcianus Antoninianus III 77.
flamines
[fla]men Dialis
[Sp. Turranius] Proculus I 121.
flamen Martialis
L. Lentulus VI 115.
[Sp. Turranius] Proculus I 121.
pontifex III 8.
quindecimvir sacris faciundis IV 182.
sodalis Titialis
L. Plotius Sabinus V 300.

sacerdotes municipiorum
et collegiorum
augur v. Puteoli.
flamen v. Ostia, Pompeii.
minist(er) VII 171.
minister *pagi incerti* X 158.
sacerdos aput Laurentes Lavinates
III 77.
sacerdotes IV 277. VIII 288; sacer-
dotis VIII 288.
sacerd(os) Veneris et Cereris publica
VII 172.
sacerdos synhodi parasitorum Apollinis v. Puteoli.

TRIBUS ROMANAE
Aem(ilia) V 90.
Cam(ilia) VI 124.
Coll(ina) I 199.
Claudia III 77.
Fab(ia) I 123. 194.
Gal(eria) III 84. VII 199.
Galeria VI 332.
Malcia III 7.
Men(enia) V 279. IX 62.
Pal(atina) I 197.
Pol(lia) V 300.
Quirin(a) III 77.
Rom(ilia) VI 346.
Ser(gia) V 295.
Vol(tinia) X 158.

VECTIGALIA. FISCUS. AERARIUM.
cond(uctor) p(ublici) p(ortorii VIII 195.
contrascriptor stationis Aquincensis
vectigalis Illyrici VIII 193.
socii vicesumari (vicesimae libertatis
novi et veteres) V 31.

VOCABULA ETRUSCA
Ach]le II 147.
arnϑ II 286 *bis.*
cae II 286.
campinei II 287.
Casia *etr.-lat.* II 283.
harpite II 286 *bis.*
hastia II 287.
helzual II 276.
helzui (helsui) II 277 *bis.*
helzumnatial II 276.
herine II 286.
herini II 286. 287.
herines' II 386.
ϑana II 276 ff. *saepius.*
K]aϑles I 184.
larcnal[isa II 277 *bis.*
larϑ II 276 *bis.* 277. 286.

larϑal II 277. 286.
Lemnit[e]s I 184.
mi I 184.
numsinal II 286.
petinate II 286.
puia II 277.
pumpual II 287.
pumpui II 286.
scansnal II 276.
s'ec II 276. 278.
S'eiante II 276 *saepius.* 277.
Seianti I 217.
setmanal II 276. 278.
setrnal II 286.
severpe II 277.
siϑn II 287.
suϑi I 184.
Teiena II 201.
tatinei II 276.
tetinai II 277.
Thanunia I 217.
tiscusnei II 277 *bis.*
vel II 277. 287.
Veltur II 201.
velus' II 286 *bis.* 287.
*vernnal II 286.
'vesasnisa II 276; vesacnisa II 278.
Vetus I 184 = *lat.* Vettius.

VOCABULA FALISCA
Aronts II 199. 201.
Av II 202.
Calitenes II 199.
Cavio II 202.
Cesies II 199.
Danacvil II 202.
Eko II 62.
f]ilio II 202.
filio II 202.
foied II 196. 199.
Iun[io] II 202.
Kaisiϑsio II 62.
Kaunios II 62.
karefo II 196. 199.
kra II 196. 199.
Lartio II 199.
lartos II 62.
Lav. II 202.
Ov. II 202.
pipafo II 196. 199.
Pomponio II 202.
Popia II 199.
Poplia II 202 bis.
Puponio II 202.
uxor II 199.
vino II 196. 199.

VOCABULA OSCA
avdiis IX 61.
destrat IV 80 — *lat.* dextera est.
dekis IX 61.
diuvilam IV 80.
elduis IV 80.
est IV 82.
fasiais IV 80. 82.
fratr IV 82.
fufens IV 82.
heria[n]s IV 82.
ian ... IV 85.
iss IV 82.
iiuk IV 80.
Kll. IX 61.
kom ... IV 82.
kvaizstor IX 61.
.. lagiium IV 80.
luisarifs IV 80.
... lum IV 80.

Mamerttiais IV 82.
meddikiai IV 82.
muinikam .. IV 80.
moinik(om) IV 80.
Mz. IX 61.
niveela IX 357.
Opf. IX 61.
opsens IX 61.
pas IV 82.
paser V 284.
Pettieis IV 82.
pom IV 82.
prai ... IV 82.
sakras IV 82.
s]akrid IV 85.
sak]rvist IV 80.
seppiis IX 61.
set IV 82.
tirentium IV 80.

III. VERZEICHNIS DER MITARBEITER.

W. AMELUNG
Frammento del fregio del Partenone
VIII 76.
Zeus in Villa Albani VIII 184.
Fragment eines Votivreliefs aus dem Capitolinischen Museum IX 66.
Weiblicher Kopf IX 162.
A. BARBINI
Tomba scoperta presso Grosseto
I 91.
Scavi di Grosseto III 156.
F. BARNABEI
Del libello di Geminio Eutichete
II 203.
Di alcune iscrizioni del territorio di Hadria nel Piceno III 3.
M. BENCKER
Ciste mit Perseusdarstellung VII 223.
O. BENNDORF
Osservazioni sul museo Torlonia
I 112.
P. BIENKOWSKI
Lo scudo di Achille VI 183.
L. *Cornelius Pusio* VII 197.
L. BLOCH
Eine Athletenstatue der Uffiziengalerie VII 81.
L. BORBARI
Scavi di Ostia I 193.
H. BULLE
Bestrafung der Dirke VIII 246.
Die Karyatiden von der via Appia
IX 131.
A. COZZA
Di un antico tempio scoperto presso Alatri VI 344.
H. DESSAU
Un amico di Cicerone ricordato da un bollo di mattone di Preneste
II 243.

H. DESSAU
Note di epigrafia IV 182.
A. v. DOMASZEWSKI
Praefectus equitatus VI 163.
Zu den römischen Soldatenlisten
IX 231.
G. DRAGENDORFF
Herakles und Hydra X 210.
E. DRESSEL
Le lucerne della collezione Passeri nel museo di Pesaro VII 144.
F. DUEMMLER
Iscrizione della fibula prenestina
II 40.
Ueber eine Classe griechischer Vasen mit schwarzen Figuren II 171.
Vasenscherben aus Kyme in Aeolis
III 160.
F. v DUHN
Due bassirilievi del palazzo Rondinini I 167.
La necropoli di Suessula II 235.
A. ERMAN
Obelisken römischer Zeit VIII 210.
I. FALCHI
Scavi di Vetulonia I 243.
I. FUEHRER
Zur Geschichte des Elagabaliums und der Athena Parthenos des Pheidias VII 158.
Ein Fund im Stadtgebiet des alten Syrakus X 193.
G. F. GAMURRINI
Combattimento delle Lemnie in una stela bolognese I 183.
Dell'arte antichissima di Roma II 221.
Il matrimonio italico IV 89.
G. GATTI
Alcune osservazioni sugli orrei Galbani I 65.

A. GERCKE
Pseudo-Aristotele Spada V 15.
Ein Krebsfang VII 222.

B. GRAEF
*Herakles des Skopas und Verwand-
les* IV 189.

H. GRAEVEN
Entstellte Consulardiptychen VII
204.
*La raccolta di antichità di G. B.
Della Porta* VIII 236.

P. HARTWIG
Testa di Helios II 159.
*Rapporto su una serie di tazze at-
tiche a figure rosse con nomi di
artisti e di favoriti, raccolta a
Roma* II 221.
Nercide im Vatican III 69.

Fr. HAUSER
Basaltstatue vom Palatin X 97.

W. HELBIG
Scavi di Capodimonte I 18.
*Sopra un ritratto di Gneo Pompeo
Magno* I 37.
Scavi di Corneto I 84. II 153.
Scavi di Vetulonia I 129.
Viaggio nell'Etruria e nell'Umbria
I 214.
Sopra un ritratto di Livia II 3.
*Sopra una fibula d'oro trovata pres-
so Palestrina* II 37.
Commemorazione di G. Henzen
II 73.
Specchio etrusco II 147.

W. HENZEN
*Inscrizione relativa alle Horrea
Galbiana* I 42.
*Iscrizione trovata presso la galleria
del Furlo* II 14.
Miscellanea epigrafica II 141.

H. HEYDEMANN
Le frecce amorose di Eros II 44.
*Osservazioni sulla morte di Priamo
e di Astianatte* III 101.
*Due monumenti nell'Italia meridio-
nale* IV 307.

Ch. HUELSEN
Miscellanea epigrafica (I. Iscrizione
di L. Minicio Natale. II La cre-
duta iscrizione della statua eque-
stre di Domiziano sul Foro Romano. III. Tessera gladiatoria)
III 84.
*Osservazioni sull'architettura del
tempio di Giove capitolino* III
150.

CH. HUELSEN
*Il sito e le iscrizioni della Scho-
la Xantha sul Foro Romana*
III 208.
Antichità di Monte Citorio IV 41.
Il cesto dei pugili antichi IV 175.
*Jahresbericht über Funde und For-
schungen zur Topographie der
Stadt Rom* IV 227. VI 73. VII
265. VIII 259.
*Piante icnografiche incise in mar-
mo* V 46.
Miscellanea epigrafica (IV. Lo sta-
tuto del corpus eborariorum et
citriariorum. V. Iscrizioni marsi-
cane. VI. Iscrizione metrica redin-
tegrata. VII. Epigrafe scoperta
sulla via Tiburtina. VIII. Iscrizione scoperta a Napoli. IX. Fram-
mento di pianta icnografica in
marmo. X. Gli elogi di C. Duilio
e di C. Mario nel foro di Augusto)
V 287.
Miscellanea epigrafica (XI. Diploma
militare scoperto nell'alveo del
Tevere. XII. Tavola di patronato.
XIII. Bulla di un servo fuggitivo.
XIV. Cippi terminali degli orti
Tiziani e Cocceiani. XV. Iscrizioni
di Velia) VI 332.
*Das Comitium und seine Denkmäler
in der republikanischen Zeit*
VIII 79.
*Le iscrizioni del colombario di Vil-
la Pamfili* VIII 145.
Zur Sorrentiner Basis IX 238.
Die Porta Ardeatina IX 320.
Miscellanea epigrafica (XVI. Il mo-
numento della guerra Gildonica
sul Foro Romano. XVII. Iscrizione
di Giunio Valentino. XVIII. Due
iscrizioni arcaiche latine) X 52;
XIX. Falsificazioni lapidarie Li-
goriane. XX. Colonna miliaria an-
tichissima della via Ostiense) X
289.
*Untersuchungen zur Topographie
des Palatins* (1. Der Tempel der
Magna Mater. 2. Der angebliche
Tempel der Vesta) X 3; (3. Die
Ausgrabungen in den farnesischen
Garten 1720-1730. 4. Ausgrabungen im 'Stadium' 1552) X 252.

G. JATTA
La gara di Tamiri con le Muse
III 239.

M. Ihm
Delle tavole lusorie romane VI 208.

H. Jordan
Gli edifizi antichi fra il tempio di Faustina e l'atrio di Vesta I 99.

J. Jurthner
Una scena della palestra X 120.

A. Kalkmann
Fedra VI 246.

O. Keller
Wandbild der Villa Pamfili V 157.

O. Kern
Ein neues Coburgensisblatt V 150.

A. Klitsche de la Grange
Di alcuni ritrovamenti archeologici nei territori di Tolfa e di Allumiere I 158.
Di un nuovo gruppo di tombe rinvenuto nella necropoli di Allumiere VI 221.

F. Koepp
Archaische Skulpturen in Rom I 79.

R. Lanciani
Il « Palazzo maggiore » nei secoli XVI-XVIII IX 3.

G. Lignana
Sopra l'iscrizione della fibula prenestina II 139.
Iscrizioni falische II 196.

F. Marx
Rilievo della villa Albani I 247.
Il cosidetto Akratos nella Casa del Fauno VII 26.

A. Mau
Su certi apparecchi nei pistrini di Pompei I 45.
Storia degli scavi di Ercolano, ricomposta da Michele Ruggiero, I 57.
Scavi di Pompei I 141. II 110. III 120. 181. IV 3, 101. V 111 228. VII 3. VIII 3. 97. IX 37. X 146.
Sul significato della parola pergula nell'architettura antica II 214.
La basilica di Pompei III 14.
Bibliografia Pompeiana IV 292. VI 258. VII 169. X 214.
Iscrizioni gladiatorie di Pompei V 25. 64.
Miscellanea pompeiana VI 73.
Il portico del foro di Pompei VI 168
Osservazioni sull'edifizio di Eumachia in Pompei VII 113.
Ritratti di Livia e di Agrippina minore VII 228.

A. Mau.
Ancora la basilica di Pompei VIII 166.
Segni di scalpellino di Pompei X 146.
Antike Dattelernte IX 170.
Scavi di Boscoreale IX 349.
Fornelli antichi X 38.

M. Mayer
La cosidetta statuetta di Kronos a Firenze VII 166.

A. Michaelis
Le antichità della città di Roma descritte da Nicolao Muffel III 254.
Storia della collezione Capitolina di antichità fino all'inaugurazione del Museo VI 3.
La raccolta De Courcel a Cannes VIII 172.
Ein verlorenes attisches Relief VIII 201.

L. A. Milani
Dionysos, Eirene e Plutos V 92.
Le recenti scoperte di antichità in Verona VI 205.
Aggiunta alle recenti scoperte di antichità in Verona VI 307.

T. Mommsen
Miscellanea epigrafica I 253. III 312. IV 172.
Tre iscrizioni puteolane III 76.
Di una nuova silloge epigrafica del secolo XV V 85.
I fasti dei sex primi ab aerario VI 157.

C. di Monale
Delle antichità falische venute alla luce in Civita Castellana e in Corchiano e della ubicasione di Fescennia II 21.

N. Mueller
Le catacombe degli Ebrei presso la via Appia Pignatelli I 49.

S. Murray
Testa di Giunone di Girgenti I 123.

F. M. Nichols
La Regia I 94.

L. Pallat
Herakles mit der Hydra im alten Capitolinischen Museum IX 334.

K. Patsch
Zur Verwaltung des illyrischen Zolles VIII 192.
Die Garnison von Praeneste VIII 219.

K. PATSCH
Zwei Ziegelbruchstücke aus Dalmatien IX 233.

C. PAULI
Inscriptiones Clusinae ineditae II 276.

E. PERNICE
Creduti pesi di Pompei e Napoli V 40.

E. PETERSEN
Das Theater von Tauromenion III 134.
Commodo e Tritoni III 303.
Hera von Alkamenes IV 65.
I rilievi tondi dell'arco di Constantino IV 314.
Tempel in Lokri V 161.
Griechische Bronze VI 270.
Funde VI 226, 302, 355, VII 174, 332, VIII 95, 326, X 75.
Aphrodite VII 32.
La Medusa Ludovisi VII 106.
L'arco di Traiano a Benevento VII 239.
Le muse Chigiane VIII 62.
Disco di ferro VIII 226.
Amazone madre? VIII 251.
La collezione Pascale alle Curti presso S. Maria di Capua VIII 336.
Antichità del march. Chigi a Siena VIII 346.
Statue des sitzenden Asklepios IX 74.
Das Wunder an der Columna M. Aureli IX 78.
L'Ara Pacis Augustae IX 171.
Teseo nel mare IX 229.
Bronzen von Perugia IX 253.
Phaethon im Palaste des Helios X 68.
Miscelle (zu den etruskischen Spiegeln) X 74.
Testa di Gallo X 126.
Il fregio dell'ara Pacis X 138.
Due pezzi di rilievo riuniti X 244.
Laokoon in Reggio X 284.

L. POLLAK
Un' iscrizione arcaica di Girgenti X 236.

TH. PREGER
Ueber einen Torso der Galleria Lapidaria VIII 188.

E. REISCH
Vasen in Corneto V 313.

H. von ROHDEN
Terrecotte di Nemi I 173.

O. ROSSBACH
Teller des Sikanos III 61.
Athamas und Learchos X 240.

G. B. DE ROSSI
Commemorazione di G. Henzen II 65.
Iscrizione in uno spillo d'oro V 285.

F. RUEHL
Rappresentazione di un dolmen in pittura di Pompei III 237.

E. SAMTER
Le pitture del colombario di villa Pamfili VIII 105.
Altare di Mercurio e Maia VIII 222 (Nachtrag X 93).
Vestalinnenopfer IX 125.

L. SAVIGNONI
Due monumenti con iscrizioni d'artisti V 142.

B. SAUER
Die tote Amazone des Neapler Museums IX 246.
Fedra V 17.

A. SCHNEIDER
Zu den attischen Kleinmeistern IV 153.
Aus Roms Frühzeit X 160.

J. SIX
Kleophrades Sohn des Amasis III 233.
Un ritratto del re Pirro d'Epiro VI 279.
Ikonographische Studien (IV. Lysimachos König von Trakien. V. Euthydemos I König von Baktrien. VI. Titus Quinctius Flamininus. VII. Die Herrin des Villa von Herculanum) IX 103; (VIII. Mithridates Eupator König von Pontus. IX. Liberti. X. Drusilla Panthea) X 189.

F. SORDINI
Muro poligonale scoperto in Spoleto I 245

P. STETTINER
Nuovi aes-grave I 179.
Considerazioni sull' aes-grave etrusco II 192.

FR. STUDNICZKA
Archaische Bronzestatue des Fürsten Sciarra II 90.
Die archaische Artemisstatuette aus Pompei III 277.
Pseudo-Aristotele Spada V 12.
Archaisches Thonrelief der Sammlung Santangelo VI 254.

L. v. SYBEL.
Zur Skopasfrage VI 241.

C. TOMMASI CRUDELI
Alcune riflessioni sul clima dell'antica Roma II 76.

G. TOMASSETTI
Il musaico marmoreo Colonnese I 3.

H. L. URLICHS
Ueber die Abfassungszeit der statue antiche des Ulisse Aldrovandi VI 250.

R. WEISSHAEUPL
Das « Telephos » - Relief der Villa Borghese VI 177.

C. WERNICKE
Bronzi di Epidauro IV 166.

H. WINNEFELD
Antichità di Alatri IV 126.

G. WISSOWA
Silvano e compagni, rilievo in Firenze I 161.

P. WOLTERS
Das Chalcidicum der pompeianischen Basilica III 47.
Beiträge zur griechischen Ikonographie (Archidamos) III 113; (Seleukos Nikator. Ptolomaios Soter) IV 32.